La Vie Simple
簡單，也是一種哲學。

Charles Wagner
夏爾・瓦格納——著
謝孟璇——譯

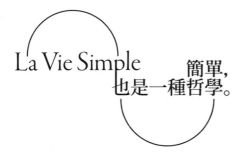

一旦你讓生活簡單，宇宙之道也會更顯純粹；孤獨將不再寂寞，貧窮亦不至匱乏，而軟弱也不再是缺陷。

—— 梭羅 Henry David Thoreau

Content
目次

I
複雜的日常

La vie compliquée

布蘭切特家中正忙得翻天覆地，但事出必有因。想想看，伊芳小姐下週二就要結婚了，而今天已是週五！

訪客紛紛帶著賀禮上門，眾人絡繹來去，僕人們也已忙得焦頭爛額。至於布蘭切特一家人與眾姻親，早就毫無規律的居家生活可言。他們早上要與裁縫、女帽設計師、家具商、珠寶商、室內裝潢者和餐宴業者討論，之後又得馬不停蹄到各地辦事，眼神呆滯地排隊等著埋首文件中的忙碌職員。要是幸運，事情辦完後還能爭取到一點時間，火速回家梳妝打扮，好出席接下來的各場筵席——訂婚晚宴、引見晚宴、結婚晚宴、婚後宴餐與舞會。在回到家時已近午夜，不僅疲勞不堪，又得面對堆積如山的郵包與信函，包括賀卡、祝辭、禮物、伴娘和接待員的致歉、遲到店員的藉口。還有在最後一刻出現的插曲，好比說，一則突如其來、打亂新婚派對的死訊，或是女歌者染上嚴重風寒，因而在婚宴上將難啟金嗓等諸如此類、不勝枚舉的事。可憐的布蘭切特一家人啊！他們完全應接不暇，情況根本不如當初以為的盡在掌握中。

這樣的情況已經一個月了。他們難以好好呼吸，歇息片刻，讓思緒沉靜。「不對，生活不該是這番模樣！」

所幸，他們還有老奶奶的房間可躲。老祖母年近八十，人生歷經勞苦淬鍊，如今已能泰然自若地面對世間萬事。她靜靜坐在搖椅上，獨自享受著綿長冥思的安詳。就算雜事排山倒海湧入家中，那狂潮也會在她的房門前落下。在這條靜隱的邊界上，話語漸悄然，腳步漸輕軟；因此，即將成婚的新人若渴望能有片刻安寧，便會往奶奶房裡躲。

「可憐的孩子！」她問候著，「你們倆都累壞了！歇息片刻，靜一靜吧。外頭那些瑣事都不重要。別讓那些把你們給耗盡了，不值得。」

這對年輕的愛侶也明白，過去這幾週，他們倆的愛情有多少回竟得讓位給各種眼花撩亂的儀式與聚會。命運在這人生的重要時刻上，似乎一心要讓他們的心思遠離唯一要旨，受源源不絕的瑣事所擾。於是，當老奶奶在微笑與輕撫間這麼說著時，他們由衷地贊同：

「孩子啊，這世界顯然越來越複雜了。然而大家沒有因此更快樂，反而相反！」

•

我也認同老祖母的看法。我們從出生到入土，無論是基於需求或喜好，無論是對世界的觀點、乃至於對自我的認識，都像是在無盡的複雜中掙扎。凡事皆不再簡單；思考不然，行動不然，就連享樂、甚至死亡亦如此。我們親手為人生添增連串的困難，喪失了滿足感。我相信，若是能為許多生活過於矯造、因而蒙受痛苦的人表達出他們的不滿，為受壓迫的心緒抗辯，他們將會倍感欣慰。

現代人日常生活的複雜，正表現在對物質的需求量上。人的需求其實會隨身旁可及的資源而增長。這件事本身並不壞，因為萌生特定需求，通常是進步的標記。感受到沐浴的必要、想穿上潔淨的內衣、安居在乾淨的屋子裡、享用有益健康的食物、充實自我的心靈，這些都是生活優越、進步的標誌。但某些需求若是天經地義、是眾人嚮往的，勢必也有另一些需求帶有毀滅性的影響。

倘若先人當初能預知我們有朝一日能擁有可維繫、捍衛物質生活的手段與力量，他們應該會認為我們會就此更為獨立自主，故而更加快樂，不再為身外之物你爭我奪。他們可能也會認為，既然人要生存更容易了，或許就能去實踐更高的德性。可惜實情演變並非如此。我們既未見幸福快樂或手足大愛，德性亦未有添增。你認為我們整體上是否比上一輩對生活更滿足、更不焦慮於未來呢？我觀察到，多數人在生活上似乎都對自己的命運忿恨不滿，精神都被物質需求併吞，不停為明日擔憂。我們對食物與住所的關注比過往更重，哪怕我們早已衣食無缺，有安棲之地。認為唯有窮人才會擔心「該吃什麼，喝什麼，穿什麼？」的人實在大錯特錯。許多不算貧困的人，也把日子過得彷彿自己明天將難以溫飽或無棲身之地。對這些人而言，心中有此煩惱是理所當然的；不過，我們從他們身上也能看得最透徹。觀察那些生活開始過得稍微安逸的人，你能發現，人因為「擁有」而得到的滿足感就算再多，也會被因為「還未擁有」而起的懊惱消磨殆盡。你若想了解一個人若是對物質和各種衍生的奢侈品惴惴不安會是什麼模樣，就去觀察那些經濟寬裕的人，尤其是有錢人。只有一件洋裝可穿的女人，不會老是自問該怎麼打扮；仰賴最低生活所需度日的人，也不會糾結於明天桌上的菜色。我們由此能得出必然的結論，那就是人的需求會隨著滿足感增加而擴大。「一個人擁有的越多，想要的也就越多。」

明天過得越安穩——根據這條公認的定律——越是會鑽牛角尖地牽掛未來，擔心如何庇蔭自己的下一代，甚至再下一代。我們日常裡憂慮的瑣事數量之多、範圍之廣，鑽牛角尖到毫釐之別的程度，實在教人難以想像。

於是，社會興起了一股儘管有條件之差與強度之別、卻仍遍及四處的焦躁感。那是一種複雜的心理狀態，就好比被寵壞了的孩子的壞脾氣，他在心裡滿足的同時卻又不滿。

如果我們無法過得更快樂，也就無法更懂得和平與友愛。人的欲望與需求越多，越容易與他人衝突。一旦訴求不正當，衝突便益發激烈。為了食物和生存所需而鬥爭是自然法則，這個法則雖殘酷，當中卻有其道理，而且那殘酷大抵也僅表現在基本層面上。然而，浮華世界裡的競逐，像是野心、特權、欲望與奢侈，則是截然不同的另一回事。辛苦求取溫飽的人不會心生嫉妒和貪婪，或對享樂渴求無盡。自我主義發展得越精細，就越是有害。我們這時代已能感受到彼此間日益加深的敵意，而心境不得安寧，更甚以往。

美德的泉源難道不是仰賴大家能關心自身以外的事物？而當人傾注此生，追求物質欲望、滿足名利野心、牢騷怨恨與不切實際的奇想時，美德又在哪裡？人若屈服於本能欲望，縱容欲望膨脹，最後將壓垮自己；一旦成為欲望的奴隸，良善便將隨之淪喪，最後分辨不出善行，也無法身體力行。我們若臣服於內在混亂的欲望，到頭來，外部的混亂也會繼而生成。在良善的生活裡，你我是自己的主宰，但在悖德的生活中，卻會受制於需索與激情。良善的生活就這樣一點一滴地受腐蝕，判斷的規矩也失了準。

受各種吹毛求疵的需求奴役的人，會把物質財產視為至高無上的善，認為那正是所有美好事物的來源。誠然，人在為了錢財的激烈爭執中，會憎恨那些擁有財產的人，進而否認財產權的存在，尤其當那財富是握在他人手中、而非歸自己所有時。然而，羨覬他人財物時的苦悶感，不過是另一個顯示我們認為握有財富是何等重要的明證。最後，人與物都被以價錢衡量，或依能賺取的利潤品評，於是，賺不了錢的東西顯得一文不值，一無所有的人則是糞土不如。清貧不苟逐漸被人視為恥辱，反之，不義之財——不管那有多骯髒——如何得手卻都無所謂。

「你不分青紅皂白地譴責進步，只會帶我們退步回到舊時代，甚至是回到苦行主義。」有許有人會這麼抗議。

不是的。試圖讓舊時代復甦是最徒然、也最危險的烏托邦幻夢；美好生活的祕訣並不在跳脫日常。我們只想揭示相信人類能因外在財富而變得更好、更快樂的錯誤想法，從而找出補救之道。沒什麼比這虛假的社會教條更自欺欺人；相反地，不分善惡而得的萬貫家財，不僅削弱了快樂的能力，同時也貶損了人格。這世上無疑有千百例證，可讓人信手拈來證明這個事實。文明的價值實存於人心，當人在道德上缺乏正直感，進步只會讓惡劣的更顯惡劣，進而挑動社會問題。

這種自欺的教條除了影響物質生活，也應驗在其他領域。備受景仰的先知們曾宣稱，若想將這個邪惡的世界轉化成適合神的居所，就需推翻暴政、無知與貧窮——這三股可怕的力量長久以來流瀣一氣。然而，傳道者如今依舊宣揚著同樣的福音。我們已經看見，人真的脫離貧困後，卻沒有變得更好或更快樂。倘若把精神轉放在教育上，是否更能達到原有的期許？答案依然是否定的，而且這個挫敗正讓教育者心灰意冷。那麼，是否該阻止大眾視聽，壓制大眾教育，關閉學校？萬萬不行。教育就像這世代的大量新發明，它終究只是工具；凡事仍得靠懂得運用工具的能工巧匠，這工具是致命還是救命，端看如何使用。當自由成為罪犯或草率愚蠢之人的特權，自由還稱得上自由嗎？自由是高尚世界的空氣，唯有靠內在緩慢且持續地轉變，我們才能呼吸到自由。

所有生命都有規律。比起其他物種，人的生命尤其如此，人的生命更寶貴，也更細膩精緻。對人類而言，這個規律先是外在的，但會逐漸轉為內在。人一旦認知到內在法則，並願意順服於它，便能在這股敬畏與自發的謙恭中迎向自由。若缺乏強大、獨立的內在法則，他就無法呼吸到自由，反而會醉得不省人事，癲狂失序。遵循內在法則生活的人，就好比發育完熟、難再囚居蛋殼的鳥兒，不會再屈從於外在權威。但無法主宰自我的人，則好比羽翼未豐的鳥，非得仰賴庇護不可，無法在自由的空氣裡高飛。這些道理異常簡單，且有許多新舊不一的證據出現在你我眼前，可惜我們向來連最重要法則的基本原理都難領略。民主國家中，有多少人，無論尊卑，能親身驗證、實踐、並遵從這個一旦缺失便無法自我主宰的真理？自由，就是尊重，自由，就是順從內在法則，而這個法則既非位高權重者的什麼好點子，亦非泛泛之輩的異想天開，而是能自我主宰的人率先俯首帖耳、崇高超脫的準則。因此，自由應當被禁止嗎？不必，但人必須懂得運用自由，行之以德，否則公眾生活將難以維繫，整個國家將毫無紀律與約束，從肆無忌憚繼而陷入混亂。

•

反省那些妨害我們生活、讓生活複雜的特定成因，它們全可回溯到一個普遍的原因，那就是「誤將次要的事物當作根本」。物質上的舒適、教育、自由、整個文明，這些就像是一幅畫作的外框，然而這外框並不等於畫作本身，就好比僧袍不等於修士，軍服不等同軍人。這幅畫是人，以及人最私有的財產——亦即他的良心、品格與意志。我們忙著裝飾外框，卻忘了畫作本身，甚至忽略、毀損了它。因此，我們儘管金玉其外，精神上卻是敗絮其內；我們坐擁必要時可捨棄的一切，最關鍵的核心卻極其匱乏。

當生命的深根，例如對愛、對願景、對自我實現的需求被擾亂時，我們感受到的是被次要事物拖累，猶如被剝奪光線與空氣，直至窒息般的痛苦。

我們必須找出真正的簡單生活，讓它自由、重返光榮，讓事物各司其職。燈要如何才堪稱是一盞好燈？不是雕飾最多、鍛造最精細、運用貴重金屬就是好燈，而是要能提供良好照明。我們身而為人，並非因為我們坐擁多少財富或追求多少享樂，或因為自身懷有多少才智與藝術涵養，更無關個人聲名威望，而是因為我們的良善力量。

沒有哪個時代的人能活在工業或知識建構的外在世界，卻漠視內在的心靈狀態。世界周遭的樣貌不斷改變，當中的知識與物質因素也日新月異；沒人能抑止這些改變，而這些變化的突如其來當中有時甚至深具危險。但重要的是人在這變動不居的環境裡應當認真度日，朝目標前進。無論選擇哪條路，若想抵達目的地，必得在徬徨時保持自我，也不能因無用的包袱而打亂腳步。留心前進的方向，保持信念，如此，便能專注於最根本的追求——亦即繼續進步，不管做何犧牲。且讓我們簡化行囊，輕裝啟程。

II

簡單的本質

L'esprit de simplicité

要思考如何復歸簡單之前，必須先從本質定義什麼是「簡單」。我們先前聲討的是，人總是重蹈覆轍地混淆了次要和根本，本質與形式。我們相信簡單會在外在上有可辨識的特定特徵，同時也是由這些特徵構成。卑下的地位、樸素的服裝、簡陋的居所、微薄的財力、窮困的處境，大家相信這些無時不與簡單如影相隨。然而情況並非如此。方才我在街上和三個人錯身而過：第一個人坐在馬車裡，另外兩個人步行，而其中一個光著腳。沒穿鞋的人生活未必是三者當中最單純的。那位坐在馬車裡的人，儘管身分高貴，為人卻可能真誠無欺，而且不當金錢的奴隸。那位有鞋穿的行人，有可能既不妒羨馬車上的乘客，也不鄙視赤腳的路人。而這衣衫襤褸、滿腳塵土的人，卻有可能好逸惡勞，厭惡簡單、節制的精神，只無所事事地做著白日夢。因為，不單純與不老實的人當中，難保沒有一些職業乞丐和寄生蟲，以及一幫諂媚奉承、心懷妒嫉的人；

他們的願望以一言蔽之，就是想盡辦法要從周遭獵物身上搜刮到每一份蠅頭小利，而且永不嫌多。這樣的人毫不注重生命的狀態，各個放浪形骸、驕矜貪婪、心志薄弱、詭計多端。外在的衣著行頭並不代表什麼，我們要看的是內心。沒有哪個階層的人事物必然簡單。例如，一件衣服無論看上去多麼素儉，也不必然意味樸素自然。簡樸的住所未必是閣樓或茅棚，也不見得是禁欲的修道院或窮苦漁人的小船屋。在多變的生活形態下，在所有的社會地位當中，無論頂端也好、底層也罷，都有人簡單度日，或者相反。這麼說，並不是指「簡單」常以隱晦的方式欺瞞世人，或者缺乏本有的慣性、獨特的氣質與型貌，而是想表達，人不該混淆這種偶爾會以偽裝呈現的外在，視之為簡單的本質，或誤認成那就是簡單的所有內在根源。簡單，是一種心態。它存在於日常生活的意向中。當人在生活中最關注的是善盡本分，也就是做一個正直不虛矯的人，他就是簡單的。這雖不如想像中容易，卻也不是遙不可及。簡單的本質看重的，是我們的行為與願望能否與存在的法則和諧一致，而且最終順服於人所歸屬的永恆旨意。讓一朵花就是花，一隻燕子是燕子，一塊石頭是石頭，讓一個人是人，而不是狐狸，野兔，豬玀或猛禽，這就是構成這個世界的總和。

在自然各界裡，我們能見到某些生命質量與能量其實與特定的目標緊密相關。較粗糙原生的物質會被轉化，提升到更高層次的系統。然而人的生命卻有別於此。人的理想，是要把生命轉化成凌駕於生命的東西。我們可將人的存在以素材相比擬。素材能成就什麼，比它原本是什麼來得重要；這就好比藝術品的價值乃取決於工匠點石成金的手藝。我們帶著各自不同的天賦來到世上，有人領受的是黃金，有的是花崗岩，有的是大理石，而多數人則是木材或粘土。我們的任務是善用這些素材，塑造成品。每個人都知道，就算是最貴重的素材也有可能被糟蹋，而不朽的傑作也可能出自最平實的工法。藝術是以稍縱即逝的形式實現永恆綿延的概念。真切的生活，是在日常裡無論從事什麼活動，都不忘實踐正義、愛、真理、自由、良善等更高層次的美德。這樣的生活可能會出現在最歧異的社會情境中，而不均的天賦也能造就出多樣的成果。建構生命價值的並非運氣或個人優勢，而是專心致志。名利不比時間更能豐富生命，質量才是箇中關鍵。

不用說也知道，這些絕非無需費力就能平白摘取的果實。簡單的精神不是承繼而來的贈禮，而是勤奮征戰的成果。簡樸的生活一如高尚的思考，精髓在於簡化。科學是大量事實推論而出的終極原則，但要發掘這些原則，事先得下多少工夫啊！數世紀的漫長研究最後常被濃縮成一語道盡的一句簡短話語。由此看來，道德生活與科學之間竟有如此堅實的相似之處。道德生活同樣肇始於特定的困惑，人因此進而去追尋自我，設法了解自己，而且還不時行差踏錯。但唯有透過行動，以及在行為上嚴格的自我要求，才能更加深刻理解人生。生活的律則會在我們面前顯現出真貌，那就是「完成你的使命」。關注其他事物，而不是實踐這個目的的人，勢必會喪失存在的理由。利己主義者如此，享樂主義者和野心分子亦然。耗損存在的人，就猶如將葉片內的玉米穗啃食殆盡，玉米株將因此無法繼續孕育果實，他們的生命也會隨之失落。反之，懂得將人生傾注於更高目的的人，在付出的同時卻也續存了生命。各種道德戒律表面上雖看似專制武斷，也破壞我們對生命的熱情，但它確實有其目的，那就是避免我們染上邪僻，最後虛度此生。這正是為何它們總一再將你我引上同樣的道路，也是為何它們都蘊含共通的意義，那就是告誡世人「莫虛擲生命」；讓生命開花結果，學習慷慨付出，以免生命自我吞噬！這其實是人類過往經驗的總和，但這種人人都需親自體會的經驗卻彌足珍貴，因為它的代價無比高昂。在人類經驗的光輝下，人會益發篤定地追求道德的進步。當人找到自己的方向，內在規範就會引領他步上正軌；他將從原本優柔寡斷、複雜紊亂的模樣，變得簡單。當這法則持續影響他，在他內心茁壯，且隨時日更迭而獲得證實時，他的觀點與習慣也會開始跟著轉化。

人一旦被這種真實生活的莊嚴與美擄獲，折服於追求真理、正義與普世友愛等價值背後的神聖與悲憫，他的心肯定也會為之神往。慢慢地，世間萬事都將屈居於這堅定且綿長的迷醉裡。他的內心會架構出必要的次序，分辨出最根本的指揮與次要的命令，而這秩序正源於簡單的精神。我們可用軍隊組織比喻這種內在活動。一支軍隊要強盛，靠的是紀律嚴明，而紀律包含了尊重上級的下屬，以及全軍眾志成城地去達成共同目標。紀律一旦鬆散，就會潰不成軍。紀律不會允許下士越級命令將軍。觀察你我的生活會發現，每當事情不順或出錯，糾紛與失序便會接踵而至；這都是因為下士給了將軍不該給的命令。當自然之法駕馭了你的心，紛擾便會消失無蹤。

這世上所有的力量與華美，所有真實的喜悅，所有能安慰人心、為人生的黑暗灑出一道光芒的事物，所有能讓我們的目光穿越當下匱乏的生活、直抵榮耀終點與無限未來的事物，都是經由簡單的人而來；那些人懂得拋下一瞬即逝的自滿與虛榮，矢志實踐更高的目標，因為他們已經領悟生命的藝術，就在於懂得燃燒自我，付出己生。

III
簡單的思考

La pensée simple

需要釐清的不只是我們實際的生活，我們的思考領域也不例外。當人類的思想處於失序狀態，就好比行走在林間，卻少了羅盤隨身或太陽指引，迷失在無盡細節的荒煙蔓草中。

人一旦意識到自己的生命有其目標，而那目標就是「實踐人的本分」，他就能依此組織思想。所有無法讓自己更好、更茁壯的思考方式或判斷準則，他都會視為危險而拒斥。

首先，他會懂得避開以思考自娛的普遍矛盾。思考不是玩具，它是種工具，具有適當的功能。假設這裡有間畫室，所有畫具一應俱全，每樣物品都表明著它們之所以聚集於此是為了達到某項目的。若把畫室開放給猴子使用，牠們會爬上長凳，拉著線圈搖來盪去，把窗簾胡亂裹在身上，脫鞋套在頭頂，愚蠢地玩弄筆刷，啃啄顏料，刺穿畫布好瞧瞧後面是什麼。想必猴子們一定覺得這些東西特別有意思，但畫室不是要讓牠們搗蛋玩要用的。思考也不是特技動作的舞台。值得稱為「人」的人類能善用思考與感受，全心全意分辨世事，而不基於一時興起或無謂的好奇心態，或以觀察或探聽為託辭，最後反而體察不了深刻的真實情感，無法實現正派的作為。

另一個在日常生活中常見、但亟需矯正的不良習慣，是那股隨時檢驗、分析自我的過度狂熱。我贊成一日三省吾身，了解自我的心理狀態與行為動機是良善生活的根本。但這是一把雙面刃，這面就是矯枉過正的警惕感，對自己的日常生活與繁雜想法孜孜不倦地監視，或像拆解機械般地剖析自我。這無疑是浪費時間，也讓人偏離常軌。我們若是為求步伐更順，而在每一步踏出前都要先精密分析各個細部動作，那麼，腳在踏到地上前恐怕就已先脫臼了。只要有能力，就往前進吧！小心別跌倒，謹慎使力。老是像無頭蒼蠅瞎忙、或總是瞻前顧後的人，很快就會失去動力。人不該老是盯著自己的肚臍眼，在恍惚中度日；要理解這點，需要的不過是丁點常識。

說到常識，你難道沒發現，原本以常識之名存在的事物，如今已如舊日風俗，竟變得越來越稀罕？常識落伍了，淪為老調重談。我們得找出新花樣，創造一種市井小民負擔不起的虛矯、精緻的生活。鶴立雞群讓人多麼愉悅啊！我們沒有理性地去引導自我，反而絞盡腦汁將得天獨厚的才智用於製造異常的獨特性。最好脫離主流的途徑！我們要到付出代價後才會學到，無人能在自我扭曲後還能免於自食惡果。標新立異畢竟只能曇花一現，唯有永恆的尋常事物才能歷久彌新。若是脫離這個常軌，就得冒著蘊藏危機的風險。懂得回歸簡單之道的人才是快樂。

健全而單純的常識並非快步搶先就能據為己有，也不是無償便可取得的平凡素養。且讓我以古老的民謠相比。民謠的來源不明，卻又傳唱不絕，那曲調似乎發自人心深處。健全的常識乃是數世紀以來緩慢、勞苦的努力聚積而成。它就像是第一道珍貴的泉水，只有自己曾失去、或見過他人乾渴的人才了解箇中價值。為了獲得並傳承常識，為了擁有理解事物、明辨是非的眼光，付出的代價永遠不嫌多。既然貼身利劍平時就須保養，以免變形生鏽，那麼我們更有理由謹慎看待自己平日的思想。

訴諸常識並不意味屈從於耽溺的思考，或成為完全否認看不見、摸不到的事物的狹隘實證主義者。沉溺於物質感官，忽視內在生活的高度現實面，也是缺乏健全常識的跡象。事實上，當我們努力去理解生命是什麼、仍在無數晦澀朦朧與哀愁憂傷裡摸索著尋找答案時，任何觸及精神現實的事，都會更顯痛苦。一旦處於迷惘與無常失序、再伴隨著嚴重的思想危機，我們恐怕更難憑藉任何簡單的原則跳脫這個處境。然而，生命的基礎仍是我們的最佳輔助，一直以來，指引全人類的不也是它嗎。生命的進程其實異常簡單，而「生存」其實就是一股所向披靡的力量，讓人意識到它比我們設定的其他目標更加優先且重要，無人能在試圖理解生命之際卻推遲存活這件事。我們的哲學、我們的解釋和信念，無時無刻不面對著事實的挑戰，而這些事實龐雜浩大、難以辯駁；當我們試圖從邏輯理性去推演生命，事實便會呼籲我們按部就班，而且也得等到我們不再以哲理去解釋事物時，它才能發揮作用。當人質疑自己所走的道路時，也是這歡快的生命基礎才讓世界繼續運轉。日復一日，引領我們向前的是一道鼓勵人付出的巨大動能，但那股動能也是你我無法預知、無法通透理解的力量，我們更無法透徹明白它的終極目的。你我的任務，是善盡自身肩負的職責，而我們的思考也應隨情境調整。別說我們活在比祖輩更艱困的時代，因為從遠方看待事物經常難以清晰；再者，抱怨自己怎麼沒出生在先人的時代更是不知感恩。打從世界初始，萬事便難一目了然；無論人身處何時何地，正確地思考始終不是易事。由此可見，先人並不會比現代人更顯聰明睿智，同樣從這點看來，人無論生在哪個時代，都沒有太大區別。主人與僕役、教師與學生、作家與工匠，所有人在分辨真相時都得下同樣的功夫。人類在進步之際所得到的啟發無疑益處良多，然而這也加重了問題的數量與程度。未知始終控制、圍困著你我。不過就像人無須飲盡泉水才能解渴，我們也毋須通曉世間萬事才能生活。人只需仰賴些許基本的滋養便能續存，而且一直以來皆是如此。

人仰賴信念維生。這反映了信念與意識思考的重要性相當，是所有生命的隱藏能源。萬物存有，都蘊含一股沉著信念，服膺於恆定的宇宙及它高深莫測的理律。花朵、樹木、田野間的野獸，無不在沉靜的力量與全然的安定中成長。雨日、黎明、奔流大海的小溪，再再懷著信念。萬物似乎都訴說著「我生於是，故應當如是，其來必有因，且安心吧。」

人的內在具足存在的理由，他的生命就是許諾的象徵。他信賴那個寄望他應當如是的力量。為了捍衛這份信心，不讓外力干擾，為了陶冶它、使它更親近、更清晰，我們首度付出了思考的努力。所有內在信念的茁壯都是好的，因為信念乃源自從容的生活，靜謐的情緒，平和的行動，對生命的熱愛之情與豐碩的勞動成果。深層的信念是一道鼓舞人內在能量的神祕湧泉，是生命的養分。比起食物，信念對人的存活更為重要。任何動搖這份信念的事物都是毒藥，而非養分。

人若知道某種食物有害健康，便不會將之吞下肚腹；而當某種思維剝奪我們的信念、積極性與力量，我們理當拒絕；不單是因為它有害心靈，也因為它根本就是錯的。違逆人性的思考便不屬於人的真理；悲觀主義在這點上便是不近人情，而且缺少謙遜，缺乏邏輯。

改從其他的養分來滋養自我吧；以振奮的思想鞏固靈魂。能鼓勵人堅強的對他就是最好的。

•

人若依憑信念而活，那麼同樣依憑希望而生；希望，正是一種對未來保持信念的形式。所有生命都是一種成果與願望，所有的存在無不假定有個生命的起源，並漸次朝終點前進。生命是連續的進展，而進展就是願望。往未來前進，就是懷抱無窮的希望。希望是事物的根源，而且必須映照於人心。沒有希望，何來生命。同樣也是這股力量，引領、驅策我們向上。這種督促著我們的執著本能，意義為何？它真正的意義在於萬事乃生命的成果；是從中錘鍊出比自身更美善的事物，並緩步趨近；是這個名為「人」的辛勤播種者必備、對明日的殷切期盼。人類的歷史是一部不屈不撓的希望史，否則一切早已煙消雲散。儘管背負重擔，人依然奮勇向前，在黑夜裡靠自己引路，在墮落與失敗裡重整旗鼓，即使在死亡中亦不絕望。人永遠需要希望，儘管有時希望渺茫。激勵人心的正是這種熱情激勵。若只談邏輯，恐怕只會得出「死亡攻無不克」的結論！一旦被這種想法征服，我們也形同作古了。但還好我們仍然懷抱希望，這是我們之所以還活著、仍相信生命的緣故。

偉大的修士、神祕主義者蘇瑟（Henry Suso, 1298-1366）是世上最簡單、最善良的人。他有一個動人的習慣：無論何時，只要遇見女性，不管對方多麼貧困或年邁，他都會敬重地站到一旁，哪怕他得赤腳踏進荊棘叢、甚至污溝裡。「我這麼做，是要向聖母瑪麗亞致敬。」且讓我們以同樣的敬意獻給希望。如果我們和希望相逢，而它化身為穿破田土的一梗麥穗，育雛巢中的鳥兒，或是復原中的可憐負傷野獸；當它化身農夫，在受冰雹、洪災肆虐的田地上播種；當它化身為一個正逐步從挫敗中站起的國家……以人類也好，或各種折磨也罷，無論「希望」以何種形貌現身，且讓我們向它致敬！只要我們繼續在傳說中、在樸實的歌謠裡、在簡單的信條上與希望偶遇，就繼續向它致敬！

然而，人不敢抱持太多希望。一種惟恐天會塌下來的這類遠古先人才有的荒謬憂懼，如今也盤據人心。難不成雨滴會恐懼大海，光線會猜疑太陽？我們經年累月的智慧竟已出現這種怪象，就好像那些易怒的老學究，最主要的工作已成為怨責學生搞笑的惡作劇，或是他們的青春熱忱。如今該是我們返璞歸真的時候，好重溫那種緊握雙手、睜開雙眼，觀看周遭世界奧祕的態度；好記得人類儘管知識豐沛，真正所知卻不過蕞爾；這世界其實比我們的心智壯闊許多，但這是一件好事。這世界浩瀚無邊，必定蘊藏著難以計數的資源，所以我們或許能為自己留點餘地，說人類無知。我們應當燃燒勇氣的火炬，點亮希望聖潔的光芒。因為太陽依然會升起，大地依然會重綻花顏，鳥兒依然築巢，母親依然對孩子微笑。讓我們有勇氣實踐人的本分，剩下的盡數託付給計數星辰的上蒼。這句激昂的鼓勵送給正處於這幻滅時代、心靈空虛的你：喚醒勇氣，懷抱希望；有勇氣去做的人肯定最不容易受到蠱惑，而最真摯的希望，永遠比最理性的絕望更趨近真理。

•

人生路上的另一道光源，是善良。有時我自問，人性低下本能裡孱弱卻致命的病毒，奔流血液裡的各種生理惡習、從遠古時期就加諸在人身上的各種缺陷——這些問題為何始終沒能擊敗我們。這當中必定有其他理由，那就是愛。

我們日夜苦惱、反覆思索，有鑑於我們有限的智慧，因命運、謊言、憎恨、腐敗、折磨、死亡而導致的矛盾與不解，我們一直在問，到底該怎麼思考，該怎麼做？針對這諸多疑惑，一道莊嚴的神祕聲音開口了：「愛你的鄰人」。愛必須神聖超然，就像信念與希望，即便有這麼多外力與之抗衡，愛也不可能滅絕。她必須克服人類天生的凶殘本性，也就是人心當中的獸性。她必須面對詭計、暴行、私欲，以及忘恩負義。愛是如何在這些黑暗的敵人中傳遞純潔與良善，一如神話中置身怒吼獸群裡的先知？因為她的敵人來自塵世，但愛卻超越塵世。一旦遇上輕盈敏捷的翼翅，犄角、利齒、尖爪、滿盈惡火的邪眼也無計可施，因為她隨風翱翔而上，把它們拋甩在後。因此，愛能在宿敵跟前安然脫身，甚至戰勝迫害者，輝煌得勝。凶猛的野獸最後將平靜依偎在她腳邊，馴服於她的條律。

宗教信仰中的核心、最崇高的教義，或者悟道者口中最慈悲為懷的旨意，不外乎都是無形的神為拯救失落的人性，而以人的樣貌寓居世間，並以獨一無二的信號讓人認出祂——那信號就是「愛」。

療癒、安撫、照料不幸、甚至惡毒的人，愛散出光芒。她澄淨所有、簡化一切。她選擇最卑微的差事，包紮傷口、拭去淚水、緩解憂愁、勸慰劇痛的心、寬恕、和解；然而愛卻是我們最欠缺的東西。當我們思索任何能讓思想豐碩、簡單、順應命運的途徑，那方法其實就歸結在這句話當中：「仁慈，保持信念與希望。」

我不會阻撓飄渺玄虛的揣測，也不會勸退任何有意追探未知、探索科學或哲學混沌深淵的人。然而，我們終究得返回當下立足的這個點，返回這個我們試著標記時間卻未果的地方。總有些生命境況與社會問題，是舉凡聖人使徒、思想家或無知者都無法清楚知曉的。這個時代正牽領著我們面對這種處境。我確定，遭逢這些處境的人若依循簡單與愛的途徑，很快就能洞察出困頓的價值。

•

既然在此提到宗教，一定有人會要我用簡單幾句話，說說什麼宗教最好。我很樂意表達看法，但更好的或許是不要這樣問。因為各宗教都有幾樣共通的特色，每個也有各自的特質或缺陷。所以嚴格說來，宗教彼此間或許能相互比較，但往往會引來不由自主的偏袒或先入為主的推論。也許我們能換個方式問，我信奉的宗教好嗎？我怎麼知道它是好的？這個問題可以這麼回答：如果你的信仰生氣蓬勃而且積極活躍，如果它滋養了你的內在信念、希望、愛，認為生命有無限價值，那麼這個信仰就是好的。如果它與你最好的一面結盟、抵禦你惡劣的另一面，持續要求你革故立新；如果它讓你明白痛苦只是信差；如果它讓你敬重他人的良知；如果它讓寬恕變得容易、好運變得謙遜、義務變得真切，如果它能做到這些，那麼它就是好的；至於這個宗教叫什麼名字，便不再重要。無論這個信仰多麼簡單，一旦它能擔負起這些，它的本源就不脫真理，能讓你與世人及上蒼相凝聚。

如果一種信仰讓你認定自己較他人優越，經常為經文爭辯不休，成日板著面孔，盛氣凌人地對待他者、或是奴役自己的良知，扼殺思考，為了某股風潮或利益而遵守宗教形式，行善只求規避將來的懲罰？若是如此，無論你自稱跟隨的是佛陀、摩西、穆罕默德或者基督，你的信仰都是不可取的。因為它分裂了你與神和世人的關係。

IV

簡單的言語

La parole simple

言語是心智的主要展現方式，也是心智最先採取的可見形式。先有思想，才有言語。人若想改善生活、步向簡單，那一定要謹慎自己的唇舌與手上的筆。話語應當與思考一樣真摯質樸、有所憑據。要想得客觀，說得坦率。

所有的社會關係都奠基於互信，互信則仰賴每個人的真誠才得以維繫。真誠一旦消逝，信念便會削弱，社會將受害，憂慮隨之而生。無論就現實上的利益或精神上的考量，這個原則皆如此。我們很難與不信任的人合作談生意、共同探求科學的真理、追尋宗教的和諧、或者實現公平正義。如果凡事都得先質疑對方的言語和意圖，預設所有的眼見耳聞皆是海市蜃樓的幻想而非日常真理，那麼我們的生活一定會變得複雜。現在的世界就是如此。有多少狡詐、刁鑽、圓滑的手腕和戲法，導致我們麻煩不斷，無暇思考簡單的意義為何，什麼又最至關重要。

人際之間的溝通在過去大幅受限，我們因此自然假設，只要訊息交流的管道改善、增加了，你我便更能相互理解，而國與國之間相互熟識後，必能天涯若比鄰地發揮博愛精神；各國的人因為知道彼此關注的並無二致，必會有四海皆兄弟之感。印刷術發明後，便有人高喊「*fiat lux*——要有光！」等到大眾閱讀習慣與閱報量漸增，這麼呼籲的人便有了更多理由。進而再推理：「兩盞燭光總比一盞亮，數盞又勝過兩盞；世上有越多書卷典籍，我們就能知道更多世事。在我們故去後，負責書寫歷史的人也將受益良多，因為能有浩如煙海的資料可參考。」這道理雖明白易懂，但問題就在於，這樣的觀點是基於工具的本質與用處，卻未把「人類」這個一向最關鍵的因素列入考慮。實情是：那些造謠、撒謊的人，那些擅長操縱語言和文字的人，已無所不用其極地靠這些途徑散播思想，導致現代人在掌握世界與自身事務的真相上，遭遇到了歷來最大的困難。雖說增進國與國彼此之間的好感與理解的報刊，無不試著不持預設立場地傳遞鄰國資訊，但眼前卻又可見多少的中傷與質疑和不實的危險意見四處流竄！又有多少假新聞，以及對文字與事實的惡意曲解？因為各產業的利益糾葛，政黨與社會趨勢的瞬息萬變，公眾人物的私德等因素，我們同樣很難得到不偏頗徇私的觀點。新聞接觸得越多，對於這些問題似乎也越感困惑。有些時候，姑且說讀者閱畢報紙，對報上所言盡數信以為真，他也會發現自己不得不做此結論：這社會上確實什麼都沒有，唯有腐敗最多；除少數幾位，正直的新聞記者已寥寥可數。這正是新聞從業者作繭自縛的結果。如今新聞從業者如饑似渴地彼此爭鬥，讀者見到的顯然是一種猶如卡通的滑稽場面，標題打著「兩蛇相殘」。兩蛇互噬後會交纏倒下，戰場上僅剩兩條斷尾。

在此之下，不只市井小民無所適從，富含學識教養的人亦然。如今在政治、財經、商業，甚至在科學、藝術、文學、宗教領域，處處皆可見矇騙、偽裝、詭術和操弄；公諸於世的真相是一個版本，給自己人看的又是另一個。結果，每個人都遭到欺瞞。人不可能機關算盡，費心欺瞞他人者，日後將在自己需要仰賴別人真誠對待的時刻遭到還以顏色的欺瞞。

這種習慣造成的後果，便是言語墮落。是那些將言語當成卑劣的工具、浮濫使用的人貶低了言語的地位。吹毛求疵、模稜兩可的詭辯言詞，必不會獲得尊重；陷入意氣之爭、認定唯有自己的論點值得採信的人，也難得他人信任。這些人的報應是他們如今也得用自己奉行的「只說利己的話，而非真話」的準則去衡量他人心胸，無法相信他人。這對寫作或授課的人是多麼悲哀的心態！與讀者或聽眾接觸時，若存著這種心態，他怎能輕鬆自處。心中真誠者最厭惡的莫過舌燦蓮花、舞文弄墨者的姿態，他們以詞語堆砌出拙劣諷刺，不過是為了欺騙誠實率直的人。一方思想開闊、態度誠正、期待受啟發，另一方卻詭計多端，以戲弄大眾為樂！然而，說謊成性的人不知自己其實錯得離譜。人賴以為生的資本是「信念」，沒有什麼比他人對你的信念更重要；一旦發現受騙，信念將會轉為懷疑。或許他們曾一度追隨這個剝削純樸的人，但友善終將轉為憎恨。曾經敞開的大門如今門戶深鎖，一度殷切傾聽的雙耳如今已充耳不聞。雖然我們因此可將惡人隔絕於外，可惜卻也可能錯失善者的影響。動搖大眾的普世信念，這就是扭曲文字與污辱言語者所犯的罪。我們認為貨幣貶值、利息降低、信用破產等皆屬災難，但還有嚴重程度更甚的禍害——那就是喪失信念。誠信者彼此間的道德互信、話語能像貨幣一樣流通，正奠基於信念。遠離偽造者、投機分子、貪腐的銀行家吧。即便遞上一枚貨真價實的銀幣，他們也會猜疑不休。遠離不實言論的製造者吧，讓這世上信念不復存在的正是他們，他們所言、所寫的並無可取之處。

如今，你明白謹慎口舌、端正筆鋒、力求言語簡單是如此重要。切莫扭曲事實、迂迴陳述、詞不達意、支吾搪塞，如此只會導致複雜與困惑。善盡為人本分，只說正直的話語。一小時的樸實無欺，會比多年的表裡不一對這個世界更有幫助。

•

偏愛優雅言詞本身無可厚非，話語自然要說得體。但詞藻最華美、語句最精湛的，內容未必縝密精闢。言語應為事實且合用，而不是以花言巧語掩蓋真實。偉大的事物無不以質樸的語言表述而成，因為如此才能顯現偉大事物的真貌。你無須藉華麗的修辭——無論那手法多麼不著痕跡——替事實搽脂抹粉，或以「寫作者的浮誇」對事實投拋一道致命的陰影。有什麼能比簡單更強大、更具說服力！聖潔的情感、割心的悲痛、高貴的英勇、絢爛的熱情，這些都只需一個眼神、一個動作、一聲吶喊，就能詮釋得比美麗的詞句更透徹。人性中珍貴的寶藏都是以單純的方式顯露於外。要讓人信服，所言必須為真，而有些真，在質樸的言語、甚至笨嘴拙舌下，都要比在舌燦蓮花中更易見真章。能想像嗎，倘若有心實踐這些原則，對生活會有多大助益：無論於公於私，表達情感與意見時要真誠、節制、質樸。絕不踰越界線，忠實付出自己，尤其還有一點——慎心！這才是最重要的。

有多少人對自己巧舌如簧而自喜，相信這能規避切身的行動。聽者也隨之起舞，如癡如醉。有時，人生活到底，似乎充其量只是由幾場動聽的演說、幾本好書、幾齣好劇所構成。至於可信的權威論點實際該如何執行，則不在考慮範圍。如果從有才華者的世界走入由泛泛之輩構成的環境裡，走入那充斥困惑亂象的所在，我們必會看見一個認為人生就該不停聽別人說話、而自己也說個不停的族群，一群滔滔不絕又絕望的烏合之眾，每件事都值得他們嘮叨絮聒、高聲鼓譟、做冗長的結論，最後甚至還覺得話不盡興。他們全都忘了，最沉默寡言的人往往貢獻最多。猛鳴汽笛的引擎剩不了多少能量可轉動車輪。且培養沉靜之心，在喧囂中錘鍊出靜謐的力量。

•

這些省思引領我們進一步去思考「語言的誇張」。如果我們仔細研究一國的人民，便能從語言上看出他們不同性情的跡象。這邊的人若沉著冷淡，他們的語言便會稍顯貧瘠，缺乏色彩；那邊的人性情若較均衡，語言也會相對嚴密且精確。還有另一邊的人，受到陽光、空氣和酒精的影響，所以血氣方剛、衝動莽撞，他們的語言便會顯得誇張，再稀鬆平常的事也要講得天花亂墜。

如果語言的風貌會隨氣候而變，那麼也會隨時代變化。以大眾現今書寫或表述的語言與歷史上其他時期相比就知道。法國舊制時期（régime）的說話方式與大革命時期有別；現代人的用詞與十九世紀相較也有不同。普遍來說，現在的語言樣貌更簡潔，就好比現代男子已不再戴誇張假髮，大家也不再手寫花體字。然而，我們與老祖宗仍有個最大的不同之處，那也是現代人言詞誇大的原因。那就是現在的我們太焦慮。

由於過度焦慮，儘管我們置身尋常處境，語言卻已無法發揮原有的表達效果。同理可證，對激動敏感的人來說，簡單的語言已不足以充分表達感受。無論是在生活、公眾場合、書籍、戲劇舞台上，冷靜溫和的語言都已退位，輸給了放縱矯情之詞。原本小說家與劇作家用來刺激觀者、吸引注意的手法，如今充斥在日常對話與書信當中，特別是公眾談話上。我們面臨的就是現代生活的後果，它的繁複讓人不耐、難以喘息，永遠提心吊膽。

言過其實的習慣有何益處？人若言過其實，彼此間善意的共識將不復存在。粗暴而無意義的爭論、倉促且無情的評斷，這些皆是語言無度的苦果。

鼓勵言語回歸簡單的此時，能否允我提出一個一旦實踐就能皆大歡喜的建議？那就是讓文學回歸質樸；這不只是靈魂厭倦於離經叛道的解藥，也是社會團結的誓約與起點。我也建議藝術回歸質樸。這並非要詩人、小說家與畫家捨高就低、盡抄捷徑、以平庸自滿。相反地，是要再往高峰攀。真正的普世流行並非為吸引「一般大眾」；真正的普世流行，是要得到「所有階層」的認同。完美藝術的真正靈感其實源自人心深處，源於「生命皆平等」這恆久不變的真理。普世的語言同樣必能以幾種簡單的形式吐露最根本的情感。那當中有真知灼見、深具影響力，有宏觀遠略、充滿無限。但願這樣的理念足以點亮年輕人的熱忱，發掘內在美麗神聖的火焰，對「*Odi profanum vulgus*—我恨世人」這種輕蔑一切的狂語感到遺憾，但能體察並偏愛「*Misereor super turbam*—我憐憫世人」當中的仁慈。

既然我身為一介凡人，也就有權利呼籲那些有幸得到天賦的人：為所有被世界遺忘的人服務吧，讓販夫走卒也能一聽就懂；如此，你便能造就一幅解放與和平的佳作，也能近取藝術大師揮毫點墨時的靈感之泉。他們的傑作之所以能永垂青史，正在於懂得為光燦不凡的天分，披上質樸的布衣。

V
簡單的本分

Le devoir simple

當你訓誡孩子時，他們會故意把你的注意力轉向屋頂上正在餵食幼雛的鴿子，或是看向對街止罵著馬兒的車夫；有時，孩子也會刻意提起一些讓父母擔心的問題。這些全是聲東擊西，好躲避令他苦惱的處境。要開始談為人本分時，我們是否也會不自覺地變成大孩子，顧左右而言它？

第一種詭辯，就是先提問理論上是否真有所謂的「本分」，或者，這個詞彙是否只是人類祖先的諸多想像之一。因為本分預設了「自由」的存在，而自由必然又會把我們引入形而上的領域。若自由意志這個大問題未獲解決，又該從何討論起自由？理論上確實沒有人會反對這點；如果生命是一門理論，人的誕生只是要成就宇宙這個系統，那麼在還沒澄清自由的意義、測量它的條件、界定它的範圍之前就過問人類的本分，未免荒謬。

然而，生命並非理論。生命凌駕於所有假設，我們沒有理由相信她會有退讓的一天。這份自由如同我們習以為常的一切，都是相對的；然而，這個所謂的本分即使存在與否正受質疑，卻是我們時時用來判斷自己和他人生活的準則與基石。我們相信人人都要為自己的善舉與勛績承擔一定的責任。

最熱切的理論家一旦離開自己的理論，也會毫無顧忌地去認同或反對他人行為，對敵人施展手段，訴求寬厚、公正，勸阻各種不義之舉。人無法擺脫道德義務，一如無法擺脫時空加諸於人的局限。也像是你若想以科學定義我們行走其中的空間與時間向量，必得先知道怎麼走路才行。也就是說，在刨出道德義務的底根前，必得先學著承擔它。道德條律，無論我們以遵從或藐視的態度待之，都是每個人的主宰。稍微觀察日常生活就能曉得：任誰都會迫不及待地想朝那個無視本分的人扔石頭，哪怕他宣稱自己對於本分還有許多哲學觀點上的懷疑。任誰都能提出上乘的理由：「先生，我們都是人。麻煩你扮好自己的角色，盡到你應盡的義務，之後你想沉思多久都行。」

我們想挑戰思想家，請他在認識道德基礎、或做出無論誠實或欺瞞、英勇或懦弱的任何舉動前，先跳脫在學問上的鑽研。最重要的，我們希望能找到一個答案，藉以回答那些從未體驗哲學思考、懷疑一切的人，也用它自我提醒，尤其在我們試圖以哲學論調為懈怠的道德生活辯護之際。

然而，假使仰賴這個答案，我們恐怕仍對人心內在的力量所知不多。這個問題可能沒有答案，也免不了會生成其他問題。人用來逃避本分的藉口，就好比恆河沙數與滿天繁星，無法勝數。

於是，我們躲在模糊、矛盾、艱難的職責背後。謹守本分，探究自己的選擇、在黑暗中摸索、感覺靈魂被矛盾的欲望來回拉扯，還得面對超過個人所能承受的沉重責任——有什麼艱難程度更甚於此！但這種事時時有之。對於特殊的悲劇處境或人生的憤懣，我們無須否認或質疑。在這種特殊的衝突情況下，本分通常不會輕鬆，而且必然會像雷雨雲裡劈下的閃電，折磨人心。然而，如此的震撼困境並非人生常態。如果我們遭逢這般困境，仍能堅定心志，那已經很了不起！一個人若不會因遭旋風連根拔起的橡樹而吃驚，不會訝異徒步的旅人在陌生夜路上失足、不會意外兩軍交戰時會有被擊潰的士兵，那麼他才能譴責那些正受道德衝突試煉的人。向眾數之力或困難低頭，並不算有損顏面。

對於盛大的場合我們的準備往往比較充分，但相對地，也正是一些零星的緊急狀況，才讓我們知道自己哪裡不足。我們不必老是擔心被似是而非的思想誤導，更重要的，反而是去完成基礎的義務，行使基本的正義。一般說來，有些人之所以失去靈魂，並不是因為他們無法勝任困難的責任，而是因為他們忽略了簡單的本分。

你若深入社會底層，就會見到這世上總有一些讓人在身心上難以負荷的不幸存在。當你越深入，越能明白那當中的悲慘巨大無邊。直到最後，這種悲慘就猶如黑色深淵；你對這深淵裡的人毫無救濟之道，唯有感受到自己無能為力。沒錯，你有一股衝動，想向這些可憐人伸出援手，但同時你也自問，「這究竟有什麼用？」這答案當然難如人意。有些人雖對此絕望，但毫無作為。他們並非缺乏善意或憐憫心，而是認為個人的行動無法帶來什麼好結果。他們錯了。我們雖無法大舉行善，但這不應是毫無作為的理由。許多人乾脆便宜行事，簡化自己的行動，因為要做的事太多了！這樣的人應該重新思考簡單的本分；這裡的本分就是你我應該根據自己握有的資源、時間與能力，試著與這世上所有遭剝奪者建立關係。有些人略施小惠就能與公卿權貴把酒言歡，討王宮貴族的歡心。那麼這些人又何愁不能去敲敲窮苦人家的大門，和連基本資源都匱乏的苦工們為友呢？先去認識幾戶人家、聽聽他們的故事和人生難關，或許你能給他們的最大幫助，就是以兄弟之情親切待之，並提供自己所能付出的精神與物質的協助。雖然此舉的確只能讓一小部分的人受助，但至少你盡了力，說不定還鼓舞了第二個人跟隨你的腳步行善。儘管如此，社會上現存的悲慘、仇恨、傾軋、墮落也不會消失，然而你已為黑暗深淵引入一道善良的光芒。無論這份仁慈擴散得多麼緩慢，善意仍會日漸滋長、邪惡則隨之衰微。即便你在這種承諾裡始終孤獨，但你能確信，為實踐這個單純的本分而做的事，必然合乎情理。你若曾有這樣的感受，正表示你已覓得朝良善生活邁進的祕密。

人多懷有夢想，而且野心無限，但卻少有人因此具體成就豐功偉業。敏捷、確實的成功仰賴的始終是在前期耐心預做準備。在小事上盡責，便是每項大成就的根基。我們太容易忽略這一點。不過，當時局動盪、連生命也遭逢危機時，自然沒有什麼是人非熟悉不可的真理。船難之際，一截斷樑、一根船槳、任何碎屑殘骸都足以拯救性命。在波濤洶湧、生命看似支離破碎之際，別忘了殘破不堪的些許碎片都能成為救生浮板。

你的生命或許殘破，或正遭受喪親之痛，或再次目睹多年苦候的果實敗壞凋零。你無法再造財富帝國、讓死者復活；站在無從逃脫的命運面前，你終於垂下雙臂，心灰意冷。你忽略了身邊該關心的人，忘了繼續為孩子領路。若是如此，任誰都能理解這一切的確情有可原！但是，這也異常危險。沒有作為地被動讓事情自行演進，只會讓邪惡更墮落。自認已無可損失的你若有此念頭，便容易再失去僅存的一切。務必珍惜身邊殘存的事物，慎重待之。假以時日，這些微小片段將會是你的慰藉。你的努力有朝一日會教你釋懷；不去嘗試反而有害。如果周遭只剩一根樹枝供你抓取，那麼就緊緊抓住吧；你若為了捍衛信念只能孤軍奮戰，也不要輕易投降，選擇人云亦云。未來有時仰賴於一撮生命的火苗，就好比人有時不過命懸一線。需要力量時，試著造訪歷史與自然，你從它們漫長的艱苦中會發現，成或敗可能都肇始自最微小的緣由；忽視細微之處相當不智，最重要的是，我們必須懂得等待，願意重新再來。

說到簡單的本分，我不禁想到軍隊生活的啟示。一旦戰敗就不再清洗制服、保養槍枝、遵守紀律的軍人，不算懂得士兵真正的本分。也許你會問，「做那些有何用？」不都已經戰敗了，士氣低落時哪還有心思去做這些芝麻蒜皮的小事？不對，切莫忘了，一敗塗地時，哪怕是最微弱的舉動，也都是生命與希望的象徵。

一八一三年至一四年，敗戰的法軍從普魯士大撤退期間正值隆冬，全軍銳挫氣索；一位不知名的將軍在某天清晨卻軍裝筆挺、儀容清爽地面見拿破崙。在士氣低落的當下，拿破崙見他打扮講究，彷彿要參加什麼閱兵大典，便龍心大悅地說：「我的將軍，您真是個勇者！」

•

許多忽略自己最近身的責任的人，常是因為只看到這些責任無足輕重的那一面。相反地，遙不可及的事物卻讓他們目眩神迷。如此一來，許多善意便白白浪費。這些人為了遠大的公共利益和人類福祉燃燒自己，急於改正遠方的大錯誤；他們終其一生將目光投注在地平線那頭的奇異風景，渾然不覺這一路上踐踏了多少過路人的腳、又如何與人推擠。

多麼奇怪的症狀，讓我們看不到自己的鄰人！讀萬卷書又行萬里路的人，經常不識自己的鄰人，無論對方是冠蓋之士或平民百姓。他們日常生活仰賴著眾人努力的成果，但在他們看來，這些人卻毫無二致。無視身旁的工匠、僕人等社會關係裡必備的成員，未免顯得忘恩負義且目光短淺——但他們顯然從沒這麼想過。有些人更離譜。一些為人妻者，丈夫對她們來說彷彿是個陌生人；反之亦然。有的父母不了解自己的小孩；孩子的成長、想法、遇到的危險、懷抱的希望，在他們眼中都像一本闔上的書。許多孩子也不曾理解父母，不懂父母的困難與掙扎。

我說的不是那些處境堪憐、關係崩裂的混亂家庭，反而是家世不錯的那些。可惜他們總心不在焉；每個人的時間都被其他事務占據。遠大的使命——這確實吸引人——占據你我心神，以至於未能意識到自己眼下伸手可及的責任。人的行動基礎需建立在完成個人的責任上。忽略這種義務，宏圖遠志也會受到牽累。之所以有這麼多因本分而起的困惑，就在於有太多人將時間耗在琳琅滿目的外務上，對自己應重視的反而漠不關心。心有旁騖、對本分不聞不問的人便是疏忽職守，這正是生活變得複雜的原因。如果人人都能善盡本位職責，情況就會簡單些。

還有另一種簡單的本分。舉凡看到錯誤鑄成，該由誰負責修正？當然是那個犯錯者，如此才公平。可惜這只是理論；而這個論點繼之而出的結論，就是只要我們揪出罪犯，抵消惡果，邪惡就不會再橫行。但要是找不出這些罪人呢？或者，如果他們無法或不願彌補過錯呢？

人在家中坐，雨卻從破了洞的屋頂淋落頭上，我們要等到揪出那個惡作劇破壞的傢伙才動手修補嗎？你肯定會覺得這麼想實在荒謬，但實際情況經常就是那樣。就好比一個孩子氣呼呼地抗議，「那又不是我放的，為什麼我要收拾！」多數人也以同樣的方式理論世事。是的，這符合邏輯，但卻不是能讓世界進步的那種邏輯。

我們必須明白、同時也反覆出現在日常中的，那就是某人造成的傷害，往往得由另一人撫平。一個人破壞，另一人建設。一個人污損磨滅，另一人修復還原。一個人火上加油，另一人好言相勸。一個人怨懟流淚，另一人安慰，將之揩去。一個人求生以害仁，另一人殺身以成仁。就是在如此殘酷律則的運作下，生命才有救贖的可能。這也是一種邏輯，是以事實為依歸、而讓理論的邏輯相對顯得蒼白無力的那種。此時，結論相當明確了。胸懷坦蕩者會說，面對邪惡的好處，就是能做好事，棄惡而擇善；罪人若願意彌補過錯、有所貢獻當然最好，但經驗也告誡我們，切莫過度依賴他們的表現。

•

然而，無論本分如何簡單，它仍需要實踐的力量。但這力量包含什麼，或者，它從何而來？這是大家不厭其煩提出的問題。對人來說，只要本分的要求來自於外，往往就像是敵軍與入侵者。當它穿門而入來找我們，我們就想跳窗逃跑。我們越能看清本分，就越想逃避。這就像代表秩序與正義的警察一露臉，機敏的竊賊總會避而遠之。啊，儘管最後擒住宵小，警察也只能將他送進警局，而非導向正途。要人順利完成自己的本分，最好不是靠著強硬使喚，而是馴服於另一種力量。

那力量是一股內在的潛力，那就是愛。一個人若憎惡自己的工作，用漠不關心的態度面對，那麼就算集結全世界的威脅，也提昇不了他的熱忱。但那些熱愛自己工作的人卻能自我提升，外力也無法叫他改弦易轍。這是放諸四海皆準的道理。最好的狀態，就是能體會人類晦澀難解的命運中那聖潔幽微的美；能在一連串經驗引領下繼續愛著生命的痛苦與希望，能去愛人類的脆弱與堅強，用本心、智慧與靈魂，找到自己在人世的歸屬。而後，一股未知的力量會攫獲你我，教我們心懷憐憫與正義。臣服在這股勢不可拒的力量下，我們會說：「我不由自主，因為有一股高於我的力量存在。」這麼說來，所有時空下的人類無不領受著這股高於人類、但又長居人心的隱然力量。而我們內在所有的崇高之心，顯然都是這種至上奧祕的表現。高貴的情操，就像偉大的思考與事蹟，都是不凡神思的啟示。樹能發芽結果，是因為它從土壤汲取生命能量，並從陽光獲得光明與溫暖的照拂。如果塵世裡一個卑微的人，儘管帶著罪咎與過錯，仍願誠摯獻身給此生使命，那是因為他與永恆不朽的善格外親近。這核心般的動力有千百種不同的呈現方式，有時是不屈不撓的氣概，有時是動人的溫柔，有時是去除邪惡的正氣，有時是在嚴寒中把受盡冷落、滿是傷痕的迷途羔羊攬入懷中的關懷，有時則是謙沖自牧的耐心。它在觸及的一切事物上都留下印記；受它鼓舞的人都知道，我們正活在它的光輝裡。能發揚它的光輝更是人的喜悅與獎賞，讓目光不再局限於外界事物的虛榮；因為他們明白，世事無偉大或渺小之別，唯有透過生命與善行讓這股力量得以彰顯，才值得人上心努力。

VI

簡單的需求

Les besoins simples

如果你向小販買隻鳥當寵物，他會告訴我們這個小跟班平日需要什麼。包含衛生、飲食、休憩等重點，簡單十幾個字就可全數囊括。同樣地，大多數人的日常所需，也只要三言兩語就能道盡。這些就是簡單生活的最高原則，只要照做，人就好比自然之母懷中的乖巧嬰孩，能溫飽有餘。但若放著道理不循，紊亂則會浮現，健康會敗壞，失去生活之樂。唯有簡單、自然的生活能保持人的活力，我們若忽視這些基礎，將陷入嚴重的偏差。

生活究竟需要何等物質條件，才堪稱理想？健康的飲食，簡單的衣著，安居的住處，空氣與運動——「你需要什麼才能過活？」問問幾位背景懸殊的人，你會聽到各自不同的回答。沒什麼比這些答覆更能啟迪人心。對一些在地的老巴黎人而言，除了林蔭大道包圍的某些特定區域，這城市其他地方都沒有「生活」可言。這裡的空氣清新、燈火明亮、溫度怡人、還有醇酒美饌可享受；要是哪天這些都不復存在，他們的人生似乎也不值得活了。

各個不同層級的人若被問到何謂「生活必需」，答案會因為自身的抱負大小，或者養成背景差異而有不同；其中養成背景又可理解為生活習慣、住處、衣著的風格等等；換言之，就是對外在物質的關照。一旦收入到達某個程度，生活自然會好過些；反之，若水準未及，恐怕難以度日。我們見過有人因為生活水平落到一定低點而自戕；他們寧可一死也不願節省用度。若觀察教這些人絕望的物質低點，其實對需求更少的人來說已然豐足，也足以讓品味一般的人羨嫉了。

崇山峻嶺上的植物會隨海拔而有變化。有些區段長的是尋常花草，有的是森林，有的是草原，有的只有裸岩與冰山。有些土地無法栽種小麥，葡萄卻能欣欣向榮。橡樹不在低海拔區域伸展，杉木要到高山才能紮根。這些植物的分布狀況，總讓人聯想到人類的生命與需求。

資本家、花花公子與交際名媛享有特定的財富高度，他們的生活必需品包括一定數量的僕人和馬車，幾幢像樣的市區住宅與鄉間別墅。再往上，更繁榮的是富裕的上層階級，他們甚至擁有自己的生活標準與方式。我們在其他不同的區域則能看見經濟平順的小康之家、或者說生活大致還過得去的人。最後還有工匠、農民、打零工的工人，簡言之，就是平凡市井。他們，如在養分貧瘠的山頂生長的植物，堅毅地生活著。這社會各個階層和區域都有人生活著，無論在何處蓬勃，所有生命都是人類的一員，帶著同樣的印記。因此，人與人之間對於需求會有這麼大的差異，著實教人匪夷所思！由此可知，我們無法以植物分布來類比人的生命。同一族群的植物與動物會有相同的需求沒錯，但我們在人的生活上卻見到相反的情況。

試想，人有不同程度的需求、而且致力滿足這些需求，這果真是件好事？這樣對個體發展與眾人幸福、對社會進步與族群的福祉可有助益？動物只要基本欲望得到滿足，就別無所求，但人不然。生活不至於無以為繼的人何以如此憂心？物質條件越是優越、甚至站在社會金字塔頂端、終生錦衣玉食的人為何越是如此？生活優渥的中產階級是否覺得滿足了？沒有。如果當中有人既富裕又滿足，想必那是因為他們懂得「知足」。動物只要吃飽，就能舒服地躺下呼呼大睡。人當然也可以如此，但可惜只能維持一會兒，不可能永遠滿足。一旦習慣了這種幸福，人的心態就會轉為厭倦，進而想尋求更新鮮的滿足感。人的胃口不因飽食而停歇，反會大增。這聽來荒謬，卻半句不假。

最常抱怨的人往往最有理由應該懂得知足，這事實無疑證明了我們的幸福感無關需求多寡，也無關為了需求得傾注多少心思。這真理若能深入人心，那麼你我皆能獲益。如果無法透過行動收斂個人欲望，那麼人將被欲望牽著走，承受墮落、麻木、沒有回頭餘地的風險。

活著只為玩樂、打扮、縱情欲望的人——也許是懶散曬著陽光的饕客、醉酒的工人、沉溺於物質享受的浪蕩男女——無疑漸漸沉淪在欲望的威勢下。任憑妄想支配生活，就像站在斜傾的地上，注定終將跌落。他們心想：「再多走幾步，最後就這麼一次，只要我渴望的那東西一到手，我就喊停。」但他們越往前走，就越無法抗拒。

這正是現代人坐立難安、顛狂忙亂的關鍵。

酒精造成的酩酊大醉稱得上是解渴良方嗎？完全不是。放浪形骸就能麻痺內心裡的不安嗎？也不行，縱欲只是激化一切，讓身體與人性的需求淪為病態的上癮，反受其左右。若聽任需求恣意支配，你會發現，越是放任需求，它索求的也就越多。想從奢靡富貴當中尋找人生快樂的人實在不智，那就好比希臘神話裡達那伊得斯（Danaïdes），受到永無灌滿之日的無底桶的折磨。坐擁百萬財富的人永遠還缺百萬，對坐擁千數的人來說，則永遠欠缺千數。湯鍋裡若是有雞能吃，他們會想要鵝；一旦有了鵝，他們又希望能是隻火雞，就這麼一直下去。我們永遠難理解多欲多求其實容易招致禍害。有太多平凡人想模仿尊貴之軀，太多窮苦民工想效仿富裕中產，太多一般婦人想扮作貴婦；這些不愁吃穿的人當中，又有太多人忘了自己擁有的其實能發揮更富意義的作用。受自己欲望奴役的人也許最適合以被扣上鼻環的熊作比喻。牠被召來喚去，動輒得咎，時時憂慮自己是否會惹怒貪心的主人。有多少人正是這麼地活著，只因自身被需求吞噬、不甘於簡單度日。

且讓我與你分享我認識的一個好人的故事。這個男人深愛妻兒，一家人在巴黎的生活堪稱舒適愜意。但妻子希望生活能再高貴一點。

然而，富貴生活需要錢，而他總是有所欠缺。於是，他離開法國與妻兒，遠走他鄉，前往遙遠的殖民地工作。我不知道這可憐人心中有何感想，但他的家人住進了更豪華的公寓、有了更華美的浴廁及車輛。他們目前很滿足，不過很快就會對這樣的奢侈生活習以為常，直到看不上眼。這位妻子會開始覺得現在的家具不夠精緻、車輛太過簡陋。如果他愛她——這點無庸置疑——就算為了得到更豐厚的酬庸而得移居月球，他也會願意。還有其他例子，妻子與兒女被一家之主的貪婪所犧牲；丈夫驕奢淫逸，做出無數抹滅尊嚴的蠢事。他在欲望與父職之間選擇了前者，日漸成為卑劣的利己主義者。忘卻責任、對高尚格調逐漸麻木的現象，並非只見於上層社會與縱情享樂的人，一般大眾也深受影響。我知道許多本該享受天倫之樂的人家，母親卻日夜痛苦，孩子三餐不繼。為什麼？因為父親用錢無度。由匱乏統治的國度絕不是友愛的世界。人想要的東西越多，就越難對鄰人出手相助，甚至連對自己的血緣至親亦然。

•

摧毀幸福感、自主性和良善德誼，而且折損了公眾利益，這就是欲望凌駕一切的惡果。當社會上欲望過剩，它將腐蝕現存的一切。貪求採礦而剷平茂密森林；揮霍家業，讓祖輩心血一夕敗盡；為屋內興暖而焚毀家具；為當下逸樂而債留明日；為一己之便而播下未來紛爭、怨妒與仇恨的毒苗。不勝枚舉的種種罪行在捨本逐末的致命國度裡永無休止。

如果我們能維持恬淡寡欲，就能趨吉避凶。不貪杯，保持神智清明最能守護健康，這個道理人盡皆知。無論是在飲食、衣著或住所上，簡單的品味也是自主性及安全感的源頭。生活越簡單，對未來就越有安全感，越不易受意外與變動的擺布，就算地位一夕驟變，也不會惶恐不安。能清心寡欲，便能無畏身外之物的來去無常。就算失去工作或收入，仍能澹泊明志，因為你知道，人生並非建立在家具、藏酒、肥馬輕裘或金銀珠寶上。不再過度沉溺自身安逸的你，會找到更多造福人群的方式。

VII

簡單的喜悅

Le plaisir simple

對於目前的生活，你覺得愉快嗎？仔細觀察現代人的生活、聆聽大家的談話，我很遺憾地肯定，大多數人恐怕都不認為自己的生活有什麼值得高興之處。他們肯定不乏嘗試，只是不得不承認，讓他們愉悅的事情少之又少。

這問題出在哪？

有些人將矛頭指向了政治或商業，有些則怪罪於社會。從早到晚，從遠到近，我們每天遇上的人總是行色匆忙、心事重重。有些人因為派系鬥爭而頭破血流；有些則因同儕的刻薄對待和相妒而氣餒。同行競爭讓許多經商者難以成眠，繁重的學業也壓垮了年輕人的生活。工人承受著工業競爭的代價；領袖治國也變得更艱難，因為權威正在逐漸瓦解；老師教學也不容易，因為學生的敬意正流失。無論走到哪兒，大家都有事可埋怨。

然而，回顧過往歷史，我們從和這個時代一樣缺乏恬靜心境的動盪時期裡可看見，即便時局黑暗，也無法全然扼殺人心能夠安適如常的感受。甚至，看似沉重的事件、對前景的不確定、社會上的暴戾和紛擾，有時竟也能帶來新活力。兩軍交戰時不難聽見士兵們的歌聲；人在遭逢巨大考驗時，內心的平靜仍能戰勝痛苦——這麼說應該不算過分。不過，若有人能在開戰前夕安穩入睡，或不因贏得高額賭金而狂喜，那麼他大概就是擁有常人缺乏的內在和諧。喜悅不是有形可見之物，而是深潛人心。造成如今大眾難以平心靜氣，而不滿情緒又如瘟疫蔓延的病根，既風行於外，也瀰漫在我們內心。

內心安然自在的前提，是我們必須感覺自己穩穩地踏在堅實的基礎上。我們必須相信生命，覺察到那生命就在自己心中。然而這正是我們的弱點。許多人，甚至是年輕一輩，對生命本質總有分歧的意見。然而你若對人生是否值得一活都心存疑懼，又怎能有坦然、愉悅的感受？過量、過度的各種事物蒙蔽了人的理性，連帶毒害了我們感受快樂的能力。生命的根柢儘管強韌，如今卻也受到蛀食，轉而改藉低俗的把戲與花俏不實的東西，期望從中得到療癒。我們見到有群信奉者，拚命想把喜悅喚回人世、復甦這上天賜予世人的美好。他們升天入地求之遍，上窮碧落下黃泉，但在那複雜的心靈淨化過程當中，卻無人曾成功萃取出一滴純粹而真實的喜悅。我們萬萬不可將帶來歡樂旋律的樂器視為歡樂本身。難道你買下昂貴的史特拉底瓦里（Stradivarius）名琴，就能成為偉大的樂手？不是的。如果擁有一整套裝備能施展創造力，那確實能促使你往前。但真正偉大的藝術家就算手中只有一支普通蠟筆，也能展現出不凡的筆觸。繪畫需要才氣和天賦，自得其樂與快樂的能力亦然。這種能力雖會被猜疑、膚淺的生活與粗濫奢靡破壞殆盡，也能因為自信自重、健全的思考和行動而生機勃勃。

生活若是過得簡單而理性，真實的喜悅自然將隨後而至。野地環境就算貧瘠，仍不乏植物生長；喜悅的生機在此照樣能欣欣向榮。它會在人行道的鋪石間、乾旱的泥牆邊、硬石的裂隙裡抽芽。我們忍不住會問，這草花究竟從何而來，怎麼會在這兒？但總之它好好地活著。反觀它若處於溫暖的溫室、或在你勤加施肥的沃土上，卻可能漸漸憔悴，最後甚至在你的掌心中枯槁。

問問演員，哪一種觀眾看戲時最快樂。他們會告訴你，一般市井看得最是津津有味。這原因不難理解。他們不會因為過度沉溺而覺得索然無味。同時，看戲也是工作後的消遣。他們享受到的快樂都是自己如實掙來的，所以他們清楚代價為何。再者，他們不會進到後台，與演員沒有糾葛私情，也沒見過在幕後操控幕簾布景的鋼索。對他們而言，這場戲即是人生，因此他們能感受到當中純然的喜悅。也許現場包廂內會有哪個生厭的懷疑論者在場，戴著發亮的眼鏡斜視這群微笑看戲的觀眾，不屑一顧地說：「一群可憐又愚蠢的烏合之眾。無知、粗俗！」

然而，這群觀眾才是真正活著，這個懷疑論者不過是徒有人身的虛偽產物，無從體會觀者當下的入戲為身心帶來的簡單、樸實之樂。

然而，教人傷心的是樸實正在消失，甚至在鄉下地方亦然。我們看見城市大眾與鄉村居民正和美好的傳統漸行漸遠。人的心靈沉迷於不良的文藝作品，一點一滴染上輕浮的品味。虛偽矯飾的生活鬆動了過去曾以質樸為樂的社會，如同一株染上根瘤蚜的葡萄藤，曾經富有野地之美的剛健藤枝就此枯乾，餘葉不再青綠。

拿傳統的田園野宴（fête champêtre）與今日的鄉村慶典相比就知道。前者是出於對舊時的推崇與懷念，是由真正的鄉村人家唱著民謠、跳著傳統舞蹈，心滿意足地享用在地佳釀美食，所有細節都不脫其生活地融為一體。他們對待這些樂事如此具有感染力，能讓你同感激越，想參與其中。

但若是今日的鄉村慶典，你看到的會是村民扮成城市人、農婦也穿著奇裝異服打扮得醜陋無比。隨後的主要活動，就是聽人高歌音樂廳的「高貴」曲目；有時甚至會打著讚頌的名義，找來劣質的流動藝人應景表演，企圖「教化」這些農人，向他們展現何謂精緻高貴的愉悅與品味。這種活動既不具原創性，又無詩情畫意可言。雖是獨樹一幟，但也是醜態盡出，絕非簡單精神帶來的暢懷。

•

尋歡作樂的人，在這感官至上的國度四處掠奪，像隻在花園亂闖的野豬。不過，沒人會質疑人類對喜悅之情其實懷抱著巨大興趣。那是一道必須獲得滿足的神聖火焰，能為生命綻發出燦爛光彩。懂得隱忍辛苦以鞏守快樂的人，會願意承擔造福人類的工作，像是造橋、鑿隧、耕田。因此，為保有能在受勞苦折磨的生活裡仍能快樂的能力，為能散播有益他人的能量，就要願意去做意義高貴、博愛世人的工作。如此方能獲得最細微的快樂、撫平焦慮的眉眼，最終引幽光入暗徑；這正是人世崇高的職責，卻也唯有最純樸的心志，才能勝此大任。

我們往往不夠「簡單」，因此無法讓自己與他人快樂。我們缺乏專一的心性和忘我的精神。我們平日散播歡樂與慰藉的方法，不過引來了負面的結果。當我們想安慰他人，我們怎麼做？無非是費盡力氣與他爭辯痛苦，極力說服他其實他沒有什麼好不快樂的。但我們口中說出的慰問之詞，卻是：「朋友啊，你很難受嗎？這就怪了，你一定搞錯了，因為我根本不覺得那有什麼。」然而合乎人情、能安撫他人悲痛的唯一方式，其實是用心去感同身受。所以上述的安慰法，是要讓那痛苦心碎的人作何感想呢？

想幫助鄰人解悶、陪他度過歡樂時光，我們也採用同樣的方式。邀請鄰人來到家中同席共餐，讚賞我們自己如何多才多藝，讓他被我們的機智逗笑。我們內心自我炫耀的欲望透過這一切油然而生。難道你認為，受人羨慕、要他人承認我們比較優越、而且把他人當成自己的工具是世上最愉悅的事？這世上還有什麼會比深信自己高人一等、不惜利用旁人來擁戴、奉承自己更噁心？我們若想為他人帶來快樂，而且也自得其樂，就得從拋棄自我中心開始，沒什麼會比一個舉止表現出自我中心的人更教人反感。且遮住外套上的所有勳章與頭銜，顧慮他人才是良善。我們何不不時花一點時間——姑且說一小時吧，雖然這得暫時放下其他要務——竭誠將歡笑帶給他人。這區區犧牲不過小事，因為，除了能在不自誇的情形下讓周圍的人獲得片刻的樂以忘憂，再也沒有誰會比懂得自我奉獻的人更快樂了。

•

大家在討論快樂時很少想到幾項道理。我們往往認為，掃帚只能用來掃地、水盆只能澆花。我們往往也預設護士只能照顧病患、教授只能教書、神父只能講道，哨兵只能站崗守衛。如此想法推演出的結論是，成天只知工作的人無疑忽略了生活中的重要例務，就像隻埋頭苦幹的牛。娛樂消遣與他們的生活水火不容。再把這觀點往前推演，我們於是也認為，在人生戰場上，舉凡優柔寡斷、折磨難熬，以及其他肩負重擔的事物，無不身埋暗影，好比行走陡峻山坡般舉步維艱；而這一切都是命運使然。若據此論點，那麼性格肅穆的人便沒有快樂的需求，想讓他們快樂無疑是緣木求魚。同樣地，我們如果打破那些受盡折磨者的悲苦心情，就是有失謹慎。這樣的論點似乎也讓我們認定，有些人注定終生嚴肅，因此在與他們互動時，我們的心態也得一板一眼，只能說些正經八百的事。若遇上身患疾困的不幸之人，我們則該收起笑臉，在表情和行為上表現出哀淒感，教人神傷的一概不提。但是，這樣的舉動事實上卻是為本已置身魆黑的苦難者再添陰影。我們親手在孤寂、單調的生命上又添增了層層疏離。我們圍堵了微弱的聲音，彷彿將之打入地牢；那陰沉的牢房四周雜草叢生，我們視之如墳塚，靠近時只敢輕聲細語。誰會看不出來，這種殘酷不仁如煉獄的景象，事實上每天都在這世上上演！但生命本不該如此。

若遇見迷失於苦海，或因命運多舛而肩負重擔的人，千萬記得，他們和你我一樣都只是凡人，也有同樣的需求，也需要時間享樂與放鬆。鼓勵他們偶爾開懷大笑，並不會害他們拋棄原本的職責，畢竟他們已見過太多淚水與哀愁。相反地，將歡樂帶給他們也等於是讓他們養足精神，好繼續奉獻。

你的友人若正遭逢人生苦難試煉，別好像他們得了瘟疫、擅自在他周圍設下防疫線；你只要小心別讓他們觸景傷情即可。另一方面，在對他們的憂傷表達同情與尊重後，也應好好安慰，協助他重整生活的腳步，為他引入新鮮空氣。總之一切用意都是要提醒他們，逆境不足以將他們阻擋在世界的懷抱之外。

所以，將我們的悲憫精神用在那些埋首工作、箍緊自我的人身上吧。這世界充滿了這種燃燒生命、從不休息或享受的人；對於幾乎不知放鬆為何物的人來說，暫且放緩腳步無疑多多益善。只有靠我們為他們留心，他們才能獲得一點微不足道的支持與寬慰。掃帚的功用自然是掃地，而且似乎也不曾喊累。不過，我們也該擺脫這類惡性盲目，勿再忽略瀕臨崩潰的人背後的千重疲累。讓崗位上不斷殞滅的哨兵卸下重責；讓薛西弗斯有一小時稍作喘息；讓那個為孩子與家庭做牛做馬的母親輕鬆片刻；犧牲一小時的睡眠，接替那長久守夜照料病患而憔悴不堪的護士。年輕女孩不妨改穿上廚娘的圍裙，遞給她能打開花園去放鬆的鑰匙，你會立刻讓自己與對方快樂。別再忽視身邊正忍苦負重的鄰人，騰出一點時間，主動伸出援手。短暫的舒坦就足以安撫心上傷痕，讓心靈中的喜悅火焰再度燃起，以更寬闊的胸襟去關懷浮生。如果人人皆能同理為他人著想，我們肯定更能相互理解；這又會為生命帶來多少歡愉！

我們總是誤將愉悅與金錢這兩樣事想成是鳥的左膀右翼！這是荒唐的錯覺。愉悅之情就像世上所有的珍貴事物，無法以金錢買賣。若想擁有歡樂，一定要憑著自身努力才能逐步親近。沒有哪條規定說你不得掏錢尋樂，只要你有財力而且做了也舒服，並無不可。但我可保證，金錢並不是最必要的。愉悅與簡樸乃多年舊識知交。要愉悅，就要保持簡單，與朋友往來亦如是。如果能對工作盡心、對身邊的人和顏悅色，坦率真誠、不在背後說人閒話，我們就已離成功不遠。

VIII
唯利是圖
與簡單的精神

L'esprit mercenaire et la simplicité

我了解沒有金錢萬萬不行。譴責金錢為萬惡淵藪的理論家或立法者，不過是改變了金錢的稱呼或形式，卻未能摒棄這代表事物商業價值的象徵符號。也有人認為，何不像廢除書寫文字那樣，將金錢廢除。然而，金錢這個流通媒介背後的問題相當棘手。它是造成我們生活盤根錯節的主要因素之一。我們深陷的經濟困難、社會陋習、和現代生活結構已經將金錢拉抬到至高無上的顯赫地位；因此，大眾會認為金錢能帶來某種權威，也就不讓人意外。

金錢這名詞是商業買賣的附屬品。買賣若不存在，金錢又有何用；只要買賣在，金錢也就在，以什麼樣的形式出現其實並無所謂。以金錢為名目的所有濫用行為，根源都在於缺乏分辨力。我們總把金錢與可買賣流通的概念混為一談，但這兩者其實毫無關係。我們喜歡替無法、或不該喊價的事物標上一個可收買的金額。小麥、馬鈴薯、酒、布料等物資自然可以銷售、購買，而且一個人靠著付出勞力保證生活的延續，並因此得到某種代表其勞力價值的東西，亦是名正言順；然而，如此類比的適切性也就到此而已。一個人的勞力付出，意義有別於一袋麵粉或一噸煤等商品。一旦談到勞力，便會涉及一些無法以金錢衡量的因素。有些事物絕對無法買賣，好比睡眠、遠見和天賦。會端出這些待價而沽的人，不是傻瓜就是騙子。然而，還是有人會以此手段營利。他們販售本不屬於自己的東西，而上當者則獻上金錢，買下子虛烏有的價值。也因此，才有了販賣歡樂的商販，以及販賣愛情或奇蹟的人。

幾乎所有人都同意，拿自己的情感、尊嚴，甚至名望來以物易物，是不甚光彩的事。可惜這個即便作為理論也不矛盾的觀點，這似乎受常識、而非嚴苛道德管轄的道理，卻難在現實中發揚光大。不正當的營利侵蝕了世界，但讓生命複雜、衰敗的不是金錢，而是我們唯利是圖的心思。

唯利是圖的意念將一切聚合成一個直截了當的問題，那就是「它能帶來多少好處？」也把所有化約成一條公式，即「有錢能使鬼推磨。」社會若依這兩條準則運行，最後將會墮落到一種無法描說或想像的境地。

「它能帶來多少好處？」對要確保自己的勞力付出須能養家活口的人來說，這是必然的關切；然而，一旦這問題逾越界線主宰了生活，就會產生危害，就連我們為掙口飯而付出的心血都會一併變質。我以勞動換來酬勞，這再好不過；但如果激勵我去工作的僅是獲得報酬的欲望，那便糟到不能再糟。一個視工資為唯一行事動機的人，辦事不會牢靠；促使他動手的不是工作本身，而是錢財。如果他能偷工減料但報酬不變，他必然會這麼做。無論農夫、石匠或工人，如果不熱愛工作，而且過程中沒有敬業的尊嚴，那充其量也只是個差勁的勞動者。千萬別把自己的性命交付給一個利欲熏心的醫生，因為他只會想掏空你的荷包，好填滿他的。如果你病得久一點，對他有利，恐怕他還會加重你的症狀，而非強健你的元氣。從事教職者若只在乎自己能有多少進帳，恐怕也會枉為人師；他若僅有升斗之祿可領，恐怕會對教學漠不關心。凡事向利字看的新聞記者有何價值呢？一旦你為錢而寫，那文章恐怕再無價值可言。我們能在世上輕易地找到千百個理由，支持勞動應有對等回報的想法，而且每個竭盡心力養育家庭的人，也應要能夠從容、尊嚴地生活。至於玩日愒歲、好逸惡勞的人，說穿了不過是寄生蟲而已。然而，這社會更大的錯誤，就是我們都將「獲利」視為唯一動機地對它唯命是從。在工作上力求盡善盡美——以身體的耐力、心靈的溫暖、或專注的智識去完成——這種價值絕非能靠錢買到。最能證明人不是冰冷機器的例子就是：出了同份心力、也從事同樣勞動的兩個人，卻可能有大相逕庭的結果。為何會有這種差異現象？那正在於他們的意圖不同。一個唯利是圖，另一個卻目的單純。兩人都會得到報酬，只是一方做得乏味空虛，另一人卻是在工作中投注了靈魂。前者的成就好比滄海一粟，無法通過永恆時間的篩檢；後者卻像土中種籽，終有抽芽成株、穰穰滿家之時。這個祕密無疑解釋了為什麼有那麼多人依循成功者的方法依樣畫葫蘆，卻仍舊難成大業。

•

我們無疑得在經濟狀況面前低頭，承認維持生計的艱難；日復一日，每個人都需要發揮自身能力，以求安頓衣食住行。一個人若無法擔起這些需求、缺乏深思熟慮、未能未雨稠繆，充其量也只是個空想家，恐怕遲早得靠那些擅於規劃、但卻曾遭他嗤之以鼻的人救濟。然而，我們若是一心一意只在乎這些，又會如何？如果只是工於算計，我們是否會以當中有多少利益可圖來評價努力？對於收據上見不著的便撇頭無視，將無法化為帳面數字的工作貶為一無是處或白忙一場？

說真話的代價是什麼？遭人誤解、有時甚至會飽嘗傷痛與迫害。保衛家園的代價是什麼？勞神、創傷，經常還伴隨著死亡。行善的代價呢？招致厭煩指責、過河拆橋、甚至受到他人的無端怨懟。犧牲小我的精神廣見於人類所有行為當中。我對機關算盡的人非常反感，他們非得把全世界從裡至外徹底地算計一遍，好維護自己的世俗地位。沒錯，懂得如何積聚錢財的人堪稱能幹有為，但再細看，那當中有多少人是因為受惠於心思純正者的無私？倘若他們遇到的是使出「沒錢不辦事」狡招的奸巧之流，還能成功嗎？正是因為有些人不願意那麼精明算計，這世界才得以運轉。最妥貼的服務與最艱辛的使命，通常是報酬微薄、甚至沒有回報的。幸好始終有人願意從事大公無私的志業，即便因此承受著苦楚，抑或捨棄財富、和平、甚至身家性命。這些人挑起的擔子通常苦不堪言，教人心力交瘁。誰沒聽過身邊的人談起先前因為見到不公不義的事情，卻因為出手相助而招來麻煩，事後覺得好心沒好報而後悔莫及。「傻瓜才那麼做！」這些故事最後多以這樣的心聲作結。世事有時確實如此。有多少始終願意捨己助人的無私善心沒能得到外界的感恩！讓我們期待世界上這種憨人傻事可以越來越多。

「有錢能使鬼推磨。」對貪財的人來說，這句話道盡了他們人生的律法和預言。從社會生活的表象看來確實如此。「金錢萬能」、「閃耀的印記」、「打通所有門路的鑰匙」——如果將所有崇拜、讚美財富的話語彙整起來，說不定還多過讚美聖母的祈禱文。你必須試著身無分文地活在世上，哪怕只有一兩天，才能理解那些阮囊羞澀者的需求。我想邀請那些熱衷於反差和不可預料情況的人，試著過過二天無錢可用的日子，而且遠離親友，總之，就是遠離讓自己有頭有臉的社會。他們在這四十八小時內將能體驗到比一年生活還豐富的經驗。然而有些人是在逼不得已下才陷入這種處境。是出於怎樣的苦楚，導致有些人如此盲目相信金錢的教條，認為有錢就能得償所願，沒錢萬事碰壁？蒼蠅圍覆死屍，人心貪慕富貴。一旦沒錢，也就財盡人散了。這種信仰已為人世帶來多少苦澀淚水，甚至連曾經膜拜金牛犢的雙眼也為之潸然。

由此可知，這些教條都是虛妄，謬誤連篇。這就好比在沙漠中迷路的大財主，身上就算有再多黃金，也換不到一滴解渴的水；或是日薄西山的富翁，即便願意傾家蕩產，也買不回二十年的健康歲月。不論家財萬貫或經濟拮据，我們都難否認「金錢買不到幸福」這歷久彌新的真理。

帶上你的錢包，我們動身前往某個溫泉療養地吧。這樣的地方在世上多如牛毛，但我指的是那種很久以前依然默默無聞的小村鎮，那裡的純樸村民不僅謙恭好客，而且環境舒適，消費亦低廉。一段時間後，名氣的號角吹響小鎮的名號，這裡開始為人所知了。聲名教會了他們投機取巧，懂得靠自家特色大撈一筆。不過反正你現在聽信了眾口鑠金的說法，姑且動身前往。你安慰自己，只要有錢就不怕沒地方安靜歇息，遠離文明俗事紛擾，為扭曲的生活增添一抹詩情畫意。

剛開始一切都好。自然環境和小鎮習俗讓你心生愉悅。但隨著時間拉長，印象卻逐漸崩毀。事物的反面開始露臉。你本以為是村民傳家寶的古董珍品，不過是造假的詭計，好用來矇騙容易相信他人的來客。從土地到居民，每樣東西都附了標籤，都能賣個價錢。原本純樸的居民已成了手段高深的騙子。因為你的錢讓他們能以最不費己力的方式解決生活問題。這鎮上開始環伺誘網與陷阱，如同密布的蛛網。他們虎視眈眈、亟欲獵食的就是「你」這隻小蒼蠅。一度純樸正直的當地人，曾經那樣真切地歡迎因厭倦城市而來此造訪的外人，如今卻已人事全非。道地的手工麵包消聲匿跡，奶油都來自大貿易商；他們深諳摻假酒的藝術，染上了所有城市人的惡習。

離開時，你掂了掂自己的荷包，這開銷驚人直教你抱怨連連。你知道錯了。人總要付出高昂代價才懂悔悟，才會相信世上也有錢買不到的東西。

又或者，你家裡正需要一位聰明能幹的僕人。根據金錢萬能的準則，你應當能在開出低階、一般、普通、高階的職缺時，找到相對應的無經驗、一般水準、表現優秀或無人能出其右的好手。但前來求職的應試者全將自己列為最高階的等級，且附上證書執照，以專家自居。一一測試後，這些自命不凡的肯定十之八九都不夠資格。那麼，他們怎會前來面試呢？他們應該會像喜劇裡那報酬優渥但實際上一無所長的廚子般回答。

「你為何佯稱自己是『藍帶廚師』？」

「因為薪水比較高嘛。」

這很嚴重。追逐豐碩薪酬的人比比皆是，有實際才能者卻如大海撈針。如果你找的是廉潔正直，那就更難了。因利而聚的人也許能揮之即來，忠誠之心卻不然。我絕不否認有忠僕的存在，但你在報酬不豐的地方要找到這類將才的機率，不亞於報酬高貴之處。更進一步說，在哪裡找到並無所謂，你看得出他們盡忠為的不是切身利益，而是因為帶有克己慎行的簡樸特質。

我們也常聽格言道，金錢讓你戰無不克。戰爭無疑最勞民傷財，但一個國家是否只靠金錢就能有效抵禦外侮、捍衛國格？古時的希臘人便給了波斯人相反的教訓，而這樣的教訓在歷史上不絕於耳。錢財能為國家買到船堅、炮利、駿馬，卻絕對買不到軍事天才、管理智慧、嚴明紀律與愛國熱忱。將百萬重金發放到你招兵買馬而來的傭兵手中，令他們組成一支有偉大領袖的軍隊。你會看到百名統帥、千名士兵挺身而出。但是，一旦派他們赴湯蹈火，這傭兵便潰不成軍了！還有人以為，有錢至少能減輕苦難。啊，這也是我們必須看破的假象。無論多寡，錢財都是引發濫用的苗種。除非有人能以智慧、仁慈和知識加以運用，否則它弊大於利；我們也可能會害得收下我們慷慨賞金以及負責分配利益的人雙雙腐敗。

•

金錢不是萬事通；它雖有能力，但並非全能。沒什麼比見錢眼開的習氣更煩擾生活，讓社會的正軌歪斜。金錢橫行之處，人人相互欺弄，凡事無法互信。我們並無意貶低錢的地位，但有一條道理應當遍行八方，那就是「萬物各安其位」。一旦理應是侍僕身分的錢財篡位成了暴君，侮辱道德、尊嚴與自由；一旦有人財迷心竅，把不該爭利於市的東西拿來漫天要價；一旦有人明明坐擁金山，還巴望著得到不該收買的東西時，便是我們起身反對這荒唐迷信的時候。人能擁有的最珍貴事物，幾乎都是來自不求回報的贈與。謹記這道理，也如此寬待他人。

IX

自我宣揚
與不露鋒芒

La réclame et le bien ignoré

我們這時代有一項主要的不成熟特質，就是喜愛自我宣傳。有些人為了受人矚目，成為話題，無所不用其極；可以公允地說，他們是對成名上癮。他們認為默默無名是奇恥大辱，因此有必要使出渾身解數，讓自己的名字為人所知。若無人認識，他們就像是遭逢船難的水手那般迷惘，被一夜風暴拋擲到寂寞的礁石上；他們哀號不斷、咒罵連連、怒火迸發地扔出所有可能的求救信號，就是要讓外界知道他們人在哪。許多人為了名氣，甚至走到背信棄義或作奸犯科的地步。古希臘有個為求出名、不惜縱火燒毀神廟的黑若斯達特斯（Herostratus），他的追隨者如今可說數量繁多。有多少人的惡名昭彰正來自摧毀了某些事物？好比詆毀他人的名聲，他們利用醜聞、劣舉或暴行，好替自己開鑼喝道！

這種只求出名、儘管是惡名也無妨的現象並非一時的瘋狂奇想，或只出現在自吹自擂、招搖撞騙的投機者當中；它也蔓延到了精神與物質領域的各個生活層面。政治、文學、科學等領域，甚至連慈善事業與宗教信仰也無一倖免。做了什麼善行義舉立刻自吹自擂，心靈的救贖必得說得沸沸揚揚。自我宣傳的噪音循著毀滅之道，入侵原本應當靜謐的所在，侵擾了本性安祥的性靈。這種將一切公開展示的傾向，不懂欣賞在涅貴不緇、曖曖內含光的事物，再加上以受人矚目的程度去衡量事物價值等習慣，癱瘓了我們原本正直的判斷能力。這讓人有時不免懷疑，這社會最後是否會演變成猶如一場大型的園遊會，人人都在自己的帳棚前敲鑼打鼓，以求他人注意。

所幸，我們還是能揚棄那種四處向人展示的喧鬧，走向平靜的山林間喘息，懾服於清澈的溪澗，靜寂的樹林，以及迷人的孤獨。無論世間騷動如何澎湃，丑角嘈雜聲如何喧鬧，也逾越不了某些特定的界線。這些雜音只會逐漸疲弱，直至復歸無聲。寂靜國度比喧囂世界更顯遼闊無垠，而我們的寬慰正藏居在那當中。

•

就在這含蓄而寧靜的無限世界邊緣休息片刻吧。當下的我們，會立刻陶醉於那杳無人跡的雪景、若隱若現的野花、那朝地平線漸次延伸、近乎無窮的路徑。自然以獨特的隱蔽之姿展現著風情，你得堅忍克己才能窺見她的蹤跡，也須心靈手巧才能超乎她的意料；你若只看重結果，便難以洞悉她寶庫中的奧祕。人類社會、甚至我們的個人生活也是如此運作。朝善趨近的力量始終隱而不宣；我們最好的部分往往深埋於內心，無法言說。關鍵就在於，這些感受能力與直覺越是與我們存在的根源融合，就越無需張狂炫耀；將之展露在光天化日下反而是褻瀆。人的內心蟄伏著這股神祕、曖昧、難以描述的喜悅，然而那當中也孕育著我們的意欲、熱忱、勇氣，以及人類生命裡最強大的行為動機。世上的恆久美善之事往往不為人知，唯有親身去認識，才能擁有；而且一旦公然談論，便會立刻摧毀它的魅力。

熱誠的自然愛好者是她最喜歡的；在她的注視下，他們能走入靜僻的冷冽森林、山間谷地，所到之處都是無心於自然者未能獲允踏入的領域。忘卻時間與世俗生活的他們，在純淨的靜默中度日，欣賞鳥兒築巢、哺育幼雛，觀察地面上的小動物活躍嬉戲。因此，想尋見內在的善，人必須踏入無須壓抑、裝腔作勢或搬弄有無的地方，從中找到一種純樸自然、而且無需煩憂身外事的生活狀態；在那當中的萬物，所求的不過是實踐出自己最美善的本貌。

在我的故鄉阿爾薩斯鄉間有條遺世獨立的帶狀小路，朝著弗日山脈的森林裡無盡展延。那條路上有一位三十年來始終不離工作崗位的碎石工人。初遇見他時，我還是個年輕學生。那位工人在使勁敲碎岩石時會哼著歌，讓我聽了頗愉快。我們交談了幾句話，最後他說，「那就再見了，好孩子，祝你勇敢、幸福！」在之後幻化多變、有苦有樂的日子裡，我日復一日地走過這同一條路。年輕學子最後完成了學業，碎石工依然是一位碎石工。他為預防風暴已做好準備，以葦席保護後背，拉低毛帽好保護臉部。森林深處不停傳來他持續的槌石回聲。不斷往返的我，始終能見到他在路邊，儘管上了年紀，皺紋多了，他依然面露微笑，態度親切。最重要的，是他說出真正的勇者才會說的簡樸話語，那影響力就像他對碎石施加的深重力道。

這位簡單的人物帶給我的感動實在難以筆墨形容，當然他不會察覺。我不知道有什麼能比看到出身卑微的人辛勤工作更能鼓舞人心，或更容易意識到在自己心中發酵的虛榮。

我也知道有許多年邁資深的師長，終生致力於教育。將學問與品行傳授後輩，有時要比穿岩碎石還難。但他們全心投入，那漫長辛苦的歷程無人曾費心過問。當他們最後在墳中安歇，除了少數像他們那般平凡的人之外，再無世人惦記。然而他們的回報就在這些大愛裡。沒有誰會比這些無名氏更偉大。

•

美善會潛藏在各種形式底下，有時甚至得磨礱砥礪，才能將之從幽深的罪惡中挖掘出來。某位因政治因素而遭流放西伯利亞勞改的俄羅斯醫生，非常喜歡敘述他在那裡見過的寬宏、勇敢的人道精神，那對象不只是身邊的罪犯，也包含警衛。可能會有人大聲疾呼「善良無需遮掩！」然而，生活中卻無處不見驚人的對比反證。這世上不乏一些名聲響亮、甚至經過政府或教會擔保、眾人以為的「慈善家」，內心其實冷酷無情。而我們卻也能在某些落難的「罪人」身上，驚訝地見到出自人性最真誠的溫柔，彷彿出於一種自我奉獻的渴望。

•

有些人會說，對於滿身銅臭的資本家，實在無須多言。對這麼認為的人來說，坐擁萬貫家財者都是壓榨他人的吸血鬼；他們堅稱富人無不自私自利，為富不仁。有些富人的善行義舉其實是出於賣弄的心態，有些富人卻無疑從不自視非凡。我們能否只因為某一群人的無情和虛假，就去否定或抹滅另一群人的善心及謙和？

我認識一個人生遭逢過各種不幸的人，他遭遇的每次打擊，那哀痛都教人震撼。他曾失去摯愛的髮妻，目睹孩子一一入殮。但因為自己的努力，他富甲一方。然而他的生活極度簡樸，幾乎沒有個人欲望，還長期不懈地尋找機會行善，因而過著寬慰、快樂的人生。你難以想像有多少窮困潦倒者因他而受惠，他又如何懷著仁慈體貼的心腸，在朋友不知情的狀況下緩解了他們的壓力。他喜歡助人，以受惠者的喜悅為自己的喜悅；為遭逢厄運的家庭帶來幸福的淚水，這始終讓他欣慰。他不動聲色地策劃，還傻氣地擔憂要是不經意地被人發現該如何是好。更了不起的，是他的潛德隱行直到他過世後才被人揭曉。他生前究竟做了多少好事，我們無從得知。

他是社會主義者中正派的那種！因為這當中分有兩類。企圖占據他人財產為己有的，為數眾多且常見。而捨得將自己擁有的贈予匱乏者的，則寥若星辰且珍貴，因為如此選擇需要有顆勇敢而高貴的心，對鄰人的幸福與不幸皆能同理感受。

一位來自外地、不習慣巴黎生活的女士不久前告訴我，她在這裡所見的情景讓她恐慌不已：邪惡的海報、黃色書刊、染髮的女人、湧進賽馬場、舞廳、輪盤賭桌的群眾，這些淹沒了這個無邊的凡塵世界。她雖沒有拿巴比倫比擬巴黎，但那番話想必是她對這座「萬劫不復」的城市感到同情。

「啊，是呀，女士，您說的確實可悲。但您沒看見全貌。」

「天啊，那樣還得了！」

「恰好相反。我反而希望您能看盡全貌，因為這社會的陰影面雖不堪，有許多待彌補之處，但相信我，您只要轉個方向，或挑不同的時間點去觀察，例如，就看看清晨時分的巴黎吧，那將能一掃您對巴黎夜裡的印象。也去觀察那為數眾多的勞動者吧，例如負責清掃街道的；當飲酒狂歡與為非作歹的人離開後，就是勞動者開始工作的時刻。觀察這些在襤褸衣衫下有如雕像般的肢體，這些認真的臉龐！他們如此嚴謹地掃清狂歡之夜過後的殘渣。那當中有婦人、有老者；天氣儘管凍寒，他們也只是稍微哈氣呼熱手指，隨後又回頭工作，日復一日。他們，同樣是巴黎的居民。

再去近郊的工廠看看吧，尤其是小型的那種；那兒的雇工並肩努力工作著。看看往自己的工作崗位前進的人群。這些年輕女孩多麼敏捷積極，歡快地從遙遠的家鄉魚貫進入這城市的商家、店舖、辦公室。接著何不去拜訪一下她們的家庭。看看正為家人忙碌的婦人；她的丈夫工資普通，住處擁擠，孩子又多。觀察這些小人物，猶如是要為他們編纂傳記、為這些尋常百姓家專注而持續地觀察。

倘若您願意徹底、仔細地看，等您遊歷過包含貧與富、有智之士與無知之人的整個社會體之後，您便不會再有如此苛刻的評論。巴黎就像世界的縮影，而且就和其他地方一樣，美善總是含蓄而不動聲色，邪惡卻一貫張牙舞爪。一旦您能往裡看，便會訝異在這騷動不安、晦澀曖昧、有時甚至驚心動魄的生活表層下，仍有滿盈的美德存在。

•

我們為何要費心思量這些事？這用意無非是希望我們能思考虛懷若谷的美德，懂得欣賞，願意實踐。從金光閃閃的物質上尋獲滿足，而且為之目不轉睛的人已然迷失，因為他往後所見都將以邪惡為先。再者，因為習慣了此情此景，他會以為這是唯一值得關注的好事，因而追求浮面表象的生活。擁有地位與名氣的人，該感謝謙遜的前輩和被人淡忘的啟發者。那一小群善良的人們，像是純樸的主婦、農夫、戰敗的英雄，無不示範了何謂美麗、簡單而高貴的人生。他們的榜樣帶給我們啟示和力量，懷念他們也是提審自我良心的時刻。他們的勇氣與平靜，會減輕我們在遭受試煉時的重擔。任歲月更迭，他們不斷證明，簡樸的珍貴就在深藏不露的美善當中。

X

庸碌俗世
與家庭價值

Mondanité et vie d’intérieur

時值法蘭西第二帝國，法國眾省中有個風光最是明媚的副縣市，離拿破崙三世經常造訪的水療浴場不遠。那市長堪稱是個有頭有臉的聰明人；某天，他卻突發奇想，心想這一國之君若是哪天突然大駕光臨，造訪他家，那他該如何是好。在這之前，他都還與家族長輩同住，是個遵循家庭傳統的人。然而，在接待皇帝的想法開始盤據心神之後，他整個人都變了。突然間，原本看似讓人滿足、甚至帶來幸福感的一切，原本家中長輩喜愛的簡樸生活，全都顯得窮酸、醜陋了起來。怎麼能讓皇帝的尊貴之軀爬上這道木梯、坐在舊沙發上、踏著破舊地毯呢！於是市長找來建築工與泥水匠，用尖鋤掘牆、拆掉隔間，不顧房子原有的美感與格局，硬是在家中做出迎賓大廳。市長一家人全遷進更狹窄的空間，人與家具擠成一團。這突發奇想讓他散盡家財，也讓全家人都不開心，他卻仍痴痴等著貴客登門。唉，可惜不久後來到家門前的不是拿破崙三世，而是帝國的滅絕。

這類愚昧的可憐人並不罕見。寧可犧牲家庭生活以滿足外界物質需求的人，也和他一樣不可理喻。有多少家族珍寶被他們隨手扔掉，以滿足世俗的野心與慣例。他們想靠這褻瀆的獻祭帶來幸福，但幸福卻不曾降臨。

拋棄樸實的在地風俗，任家族傳統凋零……無論為了什麼理由，這些都是椿愚昧的買賣；如果家庭變成這般貧乏，那社會這個有機體便會出現病症。若希望這有機體正常發展，便需要個人在當中發揮特有價值。否則這社會不過就像一群亂糟糟的羊，找不到領頭的牧羊人。但是，平凡的個人又該從何處提取自我的獨特性、那獨一無二的特質，待它與社會上其他人別具一格的特色相互融合後，共同建構出群體的財富與力量？他只能從自己的家族裡學習、領略。一旦摧毀了讓每個小家庭發出纖細光芒的經驗與記憶，個人品格的泉源將會乾涸，群體的精神力量也會被榨乾。

•

單純的家族情感地位無可取代。它能培育出細緻、純樸的美德，確保社會體制的健全及綿延。而家族情感的最根源，正建立在對傳統的重視上，因為家庭的共同記憶就是它最動人的資產。這樣的記憶是不可切割、也無法讓渡的資本，是門戶當中每位成員理當守護的瑰寶。它們以雙重形式存在著，既在想法上，也在事實中。它們會在語言、思考習慣、情感、甚至直覺當中現身，也能從具象化的肖像、家具、建築、樂曲中發現它們的蹤影。這些記憶在外人看來可能一文不值，但對能領略家族價值的人來說，那是不惜任何代價也要保存的遺產。

試想，這兒有個家庭，已形塑出自家的性格特質。家人、家具、家規等都安排得融洽和睦。接著因為婚姻或生意與娛樂的關係，市儈精神侵門踏戶。它發現這家中一切都顯得過時、笨拙、簡陋、缺乏現代氣息。一開始它還忍住批評，善意地嘲弄，接著危險就浮現了。如果你過於聽信它的推理，明天你就會動手拋棄一件家具，後天就會扔掉一條美好的舊日傳統，如此接二連三，珍藏的傳家寶終將淪落至古董商販手中，就連孝悌美德也一併出清。

當你養出壞習慣，處於世俗的紛亂氣氛之中，舊識好友、老家親戚都會一一遠走。你的下一步就是將他們棄之不顧；市儈的心不會關注過時的人事物。最後，變調的環境一旦成形，連你若看到自己也會驚愕不已。但一切已形同陌路；當然，這再好不過，庸庸碌碌的外界對你可是滿意得很！在你把真正的寶藏如同垃圾一樣扔出家門後，外在的物質世界很快會發現，你這一身借來的榮華富貴與你並不相襯，於是催促你自我合理化這種荒謬。

許多年輕人剛成婚時便聽從庸碌俗世的命令。父母雖為他們樹立了樸實生活的榜樣，但新一代卻認為，拒絕在他們看來太過強調家族的傳統，才能突顯個人的存在與自由的權利。於是，年輕人對新風尚毫無節制地盲從，以賤價拋售看似沒有利用價值的資產。填滿他們屋子的不是那些傳達「勿忘故昔」的物件，而是看似新潮卻毫無意義的裝飾家具。這些裝飾物是種象徵，代表徒負虛名的存在。生活在裡頭的人如坐雲霧，呼吸著令人飄飄然的俗世氣息。他們滿心念想的都是俗世生活，那些混亂、那些匆忙。若是有誰偶爾疏離了這種庸俗，他們還要把這人從漫遊的思想召回，叮嚀他：你可別忘了！只是那庸俗在說：別忘了你與俱樂部、戲劇、賽局有約！結果，這個家成了不過是心不在此的人睡覺的空間，而非久留之地。這個家沒有靈魂，所以也不會與你的靈魂對話。吃飯睡覺時回來，其他時候就離開，認為自己若是不出門去體會世界，這世界將無法繼續運轉。待在家中是種刑罰，因為這樣就沒人看得見他們。他們害怕家庭生活，寧可在外百無聊賴地消費，也不願在家自得其樂地相處。

只要環顧身旁，就能發現市儈精神對現代社會造成的破壞。如果我們變得缺乏冷靜的判斷力與動機，成因之一可能就是家庭價值的耗竭。現在社會大眾的生活已向「時髦」人士看齊，變得俗氣難耐，尤其是放棄自家生活、轉而傾慕娛樂沙龍的態度。為什麼鄉下人覺得父親祖輩的房子更舒適？因為那裡一如既往。同樣的煙囪還燃燒著同樣的柴薪。我們曾有過老一輩與年輕世代會並肩而坐的舊日時光，但從何時開始，那已不再是個完整的圓？人的心靈裡有些事情已經改變，紛紛屈服於衝動、速成，與「簡樸」的價值一刀兩斷。

我們必須學習重拾家庭生活，珍視自己的傳統。多虧某些有鑑賞力的人，趁著古樸衣著、省分方言、風俗民謠等事物消失之前，將之妥善蒐存。能捍衛這些往昔的碎片與先祖的靈魂遺跡，是何等善行啊！

•

不過，不是每個人都有傳統可循。於此，我們有了鞏固家庭生活的理由。要做到這點，既不需人力，也無需昂貴的建設。要創造一個家，要先創造出家的精神。正如同小村莊也有其歷史，最小單位的家庭也該有其靈魂。一個地方的氣韻或氛圍是多麼神祕啊！來到這一戶門前，你還沒踏進門，就有寒意襲來，教你不安，某種無形的東西正排拒你。到了那一家，連門都還沒打開，友善與幽默已將你包圍。有句俗話說「牆上有耳」，不只如此，牆上還長了嗓子，正滔滔不絕吐露著無聲的訊息。每戶人家裡的所有東西無不沉浸在那家戶的性格氣息裡。即便是在單身漢或獨居女子的公寓，我們也能感受到與此一致的證據。這兩戶人家還真是判若天淵啊！這一戶死寂、冷漠、呆板，屋主擁有的物件、甚至是他對照片和藏書的擺法，全都傳遞出「我才不在乎！」的氣氛。但那一戶卻洋溢著活潑氣氛，一種帶有感染力的喜悅。訪客聽見的豐富旋律會是：「無論您是誰，各位在場貴客，但願您幸福，與和平同在！」

言語其實無法說明「家」的意義，它說不盡在窗邊擺上一束漂亮鮮花的作用為何，爺爺安坐的那張舊搖椅，或是他伸出皺紋滿布的手、親吻肥嘟嘟兒孫的意義。可憐的現代人，總是忙著搬遷或整修！我們這些過去不斷改造城市、改造房舍、習俗與信條的人，已失去能安睡的地方。讓我們別再拋棄家庭生活，使得生活添增愁苦與空虛。讓我們再燃起爐火，建起溫暖的家巢，讓愛能找到清靜之地，老者能找到長眠之處，祈禱者能找到祭壇，故土能長存！

XI
簡單之美

La beauté simple

可能有人會以「美學」之名，反對簡單生活的本質，將「美」視為商業先驅、藝術之母，能促進文明社會的優雅。我們應當稍微回應一下這類異議。

簡單精神並不是功利主義。不要誤將追尋簡單精神視為與貪財到近乎吝嗇是同一回事，或與宣揚苦行到近乎偏執的人畫上等號。對吝嗇者來說，簡單生活就是日常花費得最少的生活；對偏狹的人而言，簡單就是黯淡平凡的存在，是要把所有燦爛、喜悅、具有吸引力的事物從生活中完全剔除。

讓我們頗有微詞的不是那些促使金錢流通、鼓勵商業與藝術活動，反對一味囤積的商賈巨富，我們能說他們是以個人的財富優勢行善天下。「簡單」所反對的，是愚昧地浪費、圖謀私利的斂財者，以及那些最該為養家活口做打算、卻老是追逐欲望的人。同為富人，大方的藝文贊助者對社會的貢獻絕對有別於只知以鋪張荒唐的浪費行徑度日，教旁人瞠目結舌的人。「散財」一詞用在這兩種人身上，意義可說南轅北轍；一方意在提攜他人，另一方卻意圖貶低他者。另外，能散財表示一個人錢財已用之不盡，但財力有限的人倘若追求奢侈度日，那就不對了。現今時代有一項特質，就是理當節儉的人花錢卻不眨眼。慈善慷慨之舉對社會有益，我們樂見其成，我們甚至認為有些富人的揮霍其實就像調節資源的安全閥，所以無需阻攔。我們的顧慮是，對許多在這安全閥旁湊熱鬧的人來說，節儉反而更符合他們的利益與本分。但他們的奢靡已造成個人的不幸與公共的威脅。

這世上有個普遍的錯誤認知，認為「簡單」與「美」兩者是死對頭。然而簡單並非醜陋的同義詞，就如同鋪張、流行與名貴也未必與美畫上等號。我們的眼光已經被俗艷的裝飾品、墮落的藝術、與缺乏優雅的奢侈品堆砌出的景象灼傷。品味惡俗的財富有時教人惋惜，大筆金錢來去間竟只製造出駭人的揮霍。現代藝術面臨的問題與缺乏簡樸精神的文學相似，當中有太多牽強離題、過度焦慮和虛構失當。少有作品能引發人去思考線條、形式或顏色，這些都需要銳利的眼力，就如同真理也有賴清明的理智判斷。我們需要重新浸潤在帶有不朽與理想之美的純粹當中，凝視它們在藝術傑作上留下的印記。

最值得注意的是日常生活的美學，是一個人應為自家擺設及個人裝扮投入的關注；在這方面一旦缺乏用心，生活無疑將顯得黯淡無光。關注生活細節並非無關緊要，因為我們正能藉此看出一個人是否願意將靈魂投入工作中。花時間與心思去改善、美化日常生活、甚至將之詩意化並不是浪費，反而是我們該養成的習慣。自然就是我們的榜樣，我們應以稍縱即逝的美來點綴日常。若是蔑視這種日常之美，也等於忽略了自然的真意。無論是盛開短暫的百合，或永恆如初的山丘，自然都投注了同等的關照與慈愛。

但我們也勿將真實的美與空有虛名的美混為一談。美與詩意的存在，端賴我們心念合一的理解。我們的居家、餐桌、服裝，全取決於如何詮釋這種理解。要表達這種理念，首要是培養它，而後再以簡單的手法將之表現於外。一個人無須出身富裕才能為住處與生活創造優雅及魅力，只需有良好的品味與美感即可。

要求女士得穿上醜陋粗衣的人實在有違自然的本意，也完全誤解了衣著的精神。如果衣著只是人用來取暖避寒的措施，那麼一塊粗麻布或披上獸皮便已足矣。然而衣著的意義遠勝於此。衣物不只是蔽體之用，還是一種象徵。女士日常的衣著打扮也能帶有深長的意味。衣物蘊含的意義越多，便越有看頭。真正的美在於能流露出美是什麼，同時傳達出一個人獨特而真實的特質。一個人的衣著若只是隨意選配、或依循習慣，甚至穿著者與身上的衣服之間毫無關連，那麼即便花了大筆錢財，充其量也不過是買了件制服罷了。過度時尚、追隨潮流設計、會掩蓋穿著者特質的衣服，無疑失去了它最大的魅力。這種錯誤不但犧牲了穿者自身之美，也傷了荷包。如果有個年輕女孩擅長表達自我想法，說話也字字珠璣，但問題是她所說的每個句子都是從語錄上背來的，你會怎麼想呢？借用他人的話語有何迷人之處？設計精美、但所有人都不分彼此穿上身的衣服，效果也是如此。

我忍不住想引用比利時作家勒芒尼爾（Camille Lemonnier, 1844-1913）深得我心的一段話：

> 大自然已賦予女人手指一種迷人本領，一種她靠本能就知道、而且也唯獨她有的能力，好比吐絲的蠶，或敏捷織出纖細之網的蜘蛛。她是詩人，是她自身優雅與聰慧的轉譯者，是奧祕網陣中天生的紡紗人。所有她竭力付出希望與男人平起平坐的努力，都未及她那雙能將精神與構想織造而出的巧手。

唉，真希望她的這番本領能得到更多讚頌。既然教育談的是以心智思考，以內心感受，為『我』這幻化無形的內在表達出些許個人特質，而不是壓抑、遭從眾性齊頭鏟平，那麼我倒希望亭亭玉立的年輕女孩、未來的母親們，能早日熟悉衣容之道，再隨品味與天分的精進，選擇合宜服裝，藉以淋漓盡致地表達出女性特質；若缺少這些，女人不過是一捆走動的布袋罷了。

如果說服裝能反映生活的整體概念，而帽子是詩歌，緞帶是繽紛的藝術作品，那麼，房屋的內部擺設就是與自我心智的對話。為什麼要以豪奢裝潢自家為藉口，破壞具備這種價值的個人特色呢？為什麼要把到處相似的風格帶入自家，讓臥房長得與飯店一樣，會客室弄得像個接待所？

可惜遍覽整座城市的屋宅、甚至放眼望向整個國家，乃至於整片寬闊大陸，所見的卻都是模稜兩可、形式雷同的屋舍，這千篇一律多惱人！若是能更簡單些，想必更具美感！與其擁有大量複製的廉價裝飾物、誇張但了無趣味的模仿重複，不如嘗試做出無窮變化。歡快的即興創作能讓人耳目一新，不按成規的結構也能振奮觀者的心情。我們應嘗試去發現一件織物或家具的獨特性格；古董舊物的珍貴之處正在於此。

許多人之所以輕視日常雜務和需悉心照料的家事，是因為懷有常見、卻不當的誤解，也就是相信美與詩意只會出現在某些特定事物當中，其他事物天生就是缺乏美；或者，有些職業例如寫作、演奏豎琴等就顯得崇高而讓人讚嘆，但為皮鞋上油、掃地、留心煮沸的鍋爐等則是可鄙低下。這是十足幼稚的誤解！手中工具不論是豎琴或掃帚都不重要，重要的是執掌它們的那隻手與善用工具的心神。詩意不附著於事物上，而是寄存在我們心中。詩意能從無形的神思傳遞到周遭物件，好比雕塑家將自己的夢想鑿注在大理石上。如果我們認為生活與工作枯燥乏味，那是因為我們還不懂得傳遞這份詩意。藝術的卓越之處，就是能讓了無生氣的再度活潑，讓暴躁的溫馴柔軟。有人說，這世上沒有精靈，他們不知道自己在說什麼。詩人歌詠的精靈曾經、而且至今，依然在那賣力搓揉麵團的善良麵包師、愉快地修補衣物的裁縫、以微笑照料病人的護士身上，也在那雙綁繫絲帶的巧手和燉出一鍋好肉的廚藝當中。

•

藝術文化無疑有其精緻、高尚的一面，讓人為之驚艷的傑作終究會滲入我們的思想與行為當中。但能在生活裡實踐這門技藝，沉浸於藝術的洗禮，卻是有限的特權。並非人人都能擁有、理解或創作出純粹的藝術。不過，有一種藝術卻隨處可見，那就是靠著雙手完成的手作工藝之美。精雕細琢的房子當中若缺少手作之美，也只是死板的空間，而陋室雖簡、卻也能因手作物件而顯得生氣盎然。在所有能轉化情感、添增幸福的力量中，也許沒什麼比這種手作之美更普及實用。即便環境艱辛，它也知道如何運用最簡單的工具雕塑自己。儘管住處窄小、桌椅簡單，有天分的人總有方法將自家管理得井然有序，舒服愜意。他經手的每件事都帶有關愛與巧思。他會認為，做好家務無需富人的特權，而是適當的態度；他也懂得如何讓自家洋溢著不遜於高貴門第的尊嚴與魅力；這若假手雇傭，可是營造不出來的。

如此我們便能理解，生命就藏身在豐富的隱約之美當中，在四周可及的魅力與滿足當中。想做自己，想了解生而為人最適切的美，日常生活便是最理想的園地。在生活中傾注美的精神，將細緻的靈魂輕灑在幽微迷人的外在表象上，讓最粗蠻的人也能輕易領受。這豈不是比捨棄自我、去垂涎自己未能擁有，甚至邯鄲學步好得多呢？

XII

人際往來中的傲慢與簡單

L'orgueil et la simplicité dans les rapports sociaux

大概沒有任何理由，比「傲慢」更能證明人無法平靜、簡單地生活的關鍵，其實來自於我們自身的態度，而非肇因於外在環境。社會環境的變化多端、甚至矛盾對立引發了各種衝突，但我們若是多費心思去了解表面事物的必然性，必能簡化平日糾葛的社會關係。會導致人際衝突的主因不是階級或職業，或因個人命運造化有別而起的差異。這些若是主因，那我們與同事、與那些利益相當或命運相仿的人，理當能建立起平和的關係才對。但相反地，我們都知道，最激烈的衝突往往會發生在同類之間；沒什麼比內戰還慘烈。除此之外，最能阻撓你我彼此相互理解的就是傲慢之心。那會讓人變成刺蝟，傷害所有接觸到的人。

我們先來談談大人物的傲慢。這位閒坐馬車裡的大人物冒犯我們的，不是他的馬車隊伍、穿著打扮，或是隨從人數與排場，而是他那不可一世的態度。我們不會因為他坐擁萬貫家財而惱火；但是他把泥濘濺到我們身上、輾過我們的腳、還露出一副盛氣凌人的模樣，只因為在他眼中我們不如他那般富有，因而不值一哂——這點才讓人惱火，而且怒得理直氣壯。他以姿態羞辱我們，毫無必要地添增了你我的痛苦。我們生氣，並非因為我們個性蠻橫，而是在面對他人得寸進尺的傲慢態度時，必然要維護自尊。這種感受不必贅述，任何有點人生閱歷的人絕對都有過幾次這種經驗，能認同上述的說法。在沉迷物質與利益的社會裡，財富上的傲慢凌駕一切，連人都像證券一樣被估價，而人的自尊高低也與其財富的價值成等比。這樣的「社會」頂端是由豪門巨賈或富有的中產階級構成，接著是一般大眾，而後是一無所有的人。而當中的人際交往也依循著這種原則。相對有錢的人會蔑視小康族群，但同時也遭生活較他更優渥的人所輕賤；較勁財富的瘋狂就這麼從頂端往下擴散。這種環境最能培植出惡劣的社會氛圍；故而需被檢視的不是財富本身，而是有錢人的心態。

許多富豪其實沒有這種粗糙的想法，尤其是那些世代相傳的望族；只是，有時就連他們也會忘記，不張揚身家其實是種格調。能享有富饒的生活無可厚非，但有必要弄得如此張揚，讓辛苦生活的人看著刺眼、或在窮人門前耀武揚威嗎？真有品味的謙遜富人不會在簞瓢屢空的人面前高談闊論自己的好胃口。然而許多富裕者不懂這份輕重，態度有欠謹慎，為人也缺乏同理心。既然你刻意張揚這麼多招人眼紅的好事，怎麼還有理由抱怨自己遭人嫉妒呢？

然而，這當中最大的問題在於我們缺乏辨別力，誤將個人的自尊和信心建立在財富上。首先，把富裕當成個人特質就是一種幼稚的混淆。單從容器外觀來判斷內容物的好壞，我們很難找到能比此舉更無知的自欺方法。我不禁想提醒正在思索這個問題的人：「要注意，你擁有的東西並不代表你。看清那些外表華美的事物，撥開裡層，你可能會發現它其實有違倫常，而且膚淺。」

一個人若因為對方有錢而對他低聲下氣、隱忍其傲慢態度，這樣無疑忽略了另一個關鍵點，那就是財產也是種公共信任。的確，個人財富與個人自由一樣具有正當性，然而，當個體的行為涉及社會整體，他的一舉一動便需要顧及他人。如此說來，財富便不單是個人引以為傲的特權，還是一份需知其輕重的責任。懂得如何富裕地生活是門學問，而且是難以精通的藝術。無論富有與否，多數人對於富裕的想像往往就是日子過得輕鬆，無所事事。這正是為何罕有人真正得其精髓。按照馬丁・路德精妙的比喻，財富在多數人手中就像一座被傻瓜抱著的豎琴，大家完全不知如何撥弦。

因此，我們若遇上富有、但卻生活簡樸的人，也就是一個認為錢財只是某種工具，能讓他用來實踐自己在世上使命的人時，我們應向他致意，因為他確實富有得不同凡響。他克服了障礙、承受了試煉，突破了隱約又巨大的誘惑。他能辨別自己口袋裡擁有的並不等同於自己腦袋或心裡的，而且不會以數字定位他人。他謙遜自持，雖居高位卻不得意忘形，因為他清楚自己還有多少責任尚待完成。他好相處、樂於助人，不以財富做為隔絕他人的藩籬，而是更進一步接觸人群的方式。儘管有些富人沾染了自私與驕傲的惡名，但像他這樣的，卻能讓人看見他帶有正義感的品格。每個與他有所接觸、見證他生活的人都會不由得自問：「如果我像他這麼富有會怎樣？我能這麼謙遜、正直，彷彿那些財富根本不屬於我嗎？」只要這世上有由人類組成的社會，只要嫉妒與自我中心依然存在，就沒有什麼比信奉簡樸精神的富裕更顯尊榮。世界不只會寬厚待之，還會由衷喜愛。

比財富的傲慢更危險的是權力的傲慢，自認凌駕於他人的特權。每個組織都存在著權力階層——我們無法避開這條定律，阻止世上有人擁有不平等的權力。但倘若對權力過度熱衷，運用權力的本意便會迷失。出於錯誤的理解與濫用，隨時都想弄權的人總有一天會做出違背本意的行為。權力對持有者會產生巨大的影響，掌權者的頭腦必須明智、均衡，才能不受其干擾。在羅馬帝國統御天下的那時期，附身於帝王的那種權力狂熱，其實是所有時代皆可見的普世疾病。每個人心中都有一位暴君正沉睡著，他正等待時機甦醒。這個暴君是最要不得的敵人，因為他會說出不堪入耳的嘲諷，製造多重的社會問題、衝擊、和仇恨。依賴這位內在暴君的人會說：「照著做，因為我說了算，而且我開心」這種話。然而，你我內在還有另一股鼓勵我們對抗個人權威的力量，這股反抗力量極其珍貴。我們終究是平等的，無人有權強迫我服從，因為他是他，而我是我。如果他這麼做，他的強求便等於貶低了我的自尊，對於這樣的貶抑，我們無須吞忍。

一個人必須待過學校、軍隊、職場、政府機構，必須親身體驗過主僕關係，觀察過那些盛氣凌人、自我感覺優越者，才能理解妄自尊大地運用權力傷害他人是什麼意思。每一縷自由的靈魂都會因此變成奴隸，反向來看，也會變成反叛者。一旦下達命令的人與服從命令的人相距越是遙遠，就越會出現這種結果，連帶製造出社會災難。最無可救藥的暴君就是仗恃權威的暴君自己。比起管理者與雇主，領班與監工在工作上更加暴戾橫行。下士一般而言比上校要嚴厲許多。有些大家族裡，女主人的學養要是比不上女傭，兩者的關係就好比囚犯與監獄守門人。要是有誰落入沉迷權力的下屬手裡，他不叫苦連天才怪！

我們忘了，掌握權力者的第一要務就是懂得謙卑。傲慢並非威望。人類不是律法；真正的律法在我們舉頭三尺之上，我們只能詮釋它。若要讓別人信服，我們必得先成為服從它的表率。命令與服從這兩種形式在人類社會裡終究同屬於一種美德，那就是甘願付出。他人若不願意聽從你，通常是因為你自己也不願意服從。懂得以簡單之道統御的人才明白，這條奇訣的力量有多強大。憑藉這份精神，這樣的統御者能不靠肩上的徽章、頭銜或管訓手法就樹立起堅實的權威。他們不利誘，也不威脅，卻能達成目的。為什麼？因為我們能感覺他們準備好應付一切。他們之所以命令得動其他人去付出時間、金錢、熱情、甚至生命，並不是因為他們也有決心做出這些犧牲，而是因為他們早已經做了。以這種克己精神發號施令的人能擁有奇妙的影響力，且能將之傳達給願意服從的人，以輔佐他完成使命。舉凡有人的地方總會有這種能啟發人心、鞏固力量、讓士兵一呼百應的領袖。軍隊在他們的指揮下必能所向披靡。跟隨的手下會願意傾其所有，赴湯蹈火在所不惜。

•

然而，大人物的傲慢並非唯一，還有一種是小人物的傲慢。這兩種傲慢其實源頭相同。會引發暴動的不只有態度目中無人、厚顏說出「我就是律法」的帝王，還有冥頑不靈、不承認自己其實有所不知的將官。

的確，有許多人會對所有卓越非凡的事物感到惱火。對他們而言，他人的建議都是對他的出言不遜和攻擊，每條批評都是強辭奪理，每則命令都在侵犯他的自由。他們不懂如何服從規則，對任何人事物表示尊重在他們看來都如同心理偏差的作為。

這個自負的族群包含了一群難相處、且過於敏感的工作者。他們做著分內工作時的心情老像個要殉身的烈士，認為頂頭上司從不將榮譽歸給他們，就算是最仁慈的長官也難讓他滿意。於是，這些不滿的心緒累積成偏差的自尊。他們不懂如何定位自我，因此轉而以無理的要求和病態的懷疑，讓自己與旁人的生活造成困擾。

一旦仔細地近距離觀察他人，你會驚訝地發現，有不少傲慢其實潛伏在各處角落。這種邪惡強大到能包圍最平凡的人，在他們身邊築起一道將鄰人隔絕於外的高牆。傲慢以野心與鄙夷做為路障，隱身在貴族式的偏見背後，猶如一塊高深莫測、難以接近的地界。無論地位尊屈貴賤，傲慢都孤獨地提防著所有對象，醞釀各種爭端。如果不同階級的人彼此抱有敵意與仇恨，那往往不是肇因於外在條件的差異，而是來自人心內在的崩毀。利益衝突與處境差異確實會在你我之間造成鴻溝，但傲慢更將那些溝渠鑿成了深淵。

•

要道盡傲慢的各種外顯形貌是不可能的。最教人憤慨的，無非是傲慢總常與知識勾結。我們擁有的所有知識，都要歸功於社會上的所有成員；財富與權力也不例外。那應當是一種為所有人效力的力量，而這力量唯有在知識淵博的人懂得包容知識稍不足的人時才能發揮。知識一旦變成個人達成野心和欲望的工具，它就會自我毀滅。

至於好人的傲慢又該從何說起呢？這種傲慢確實存在，而且會敗壞美德。有些人要求作惡者誠心懺悔，某程度上，這還算符合社會公義。但若有人只因他人犯了錯或行為不當而蔑視對方，那就等於阻絕了自己的人性。這種自以為的善會立刻因為個人的虛榮而淪落，也等於與為富不仁者、或自傲的掌權者一樣同流合污。

簡言之，不管我們有什麼優點，想藉此滿足個人的虛榮實為錯事一件。我們應該視自己所懷有、甚至享有的優點為天賜恩惠，而不是個人可以驕傲的理由。物質財富、權力、知識、身心靈的恩賜等，一旦用以滋養傲慢之心，便成了禍因。唯有把這些優點當作謙沖自牧的土壤，它們才會結出善果。

如果我們位居高位，手上掌握著他人的命運，且讓我們常保謙遜；如此的重責大任若無輔以耳聰目明，一定會落得不適任或不講理。如果我們知識豐沛，讓我們常保謙遜；這不只更能張顯未知事物的浩瀚無垠，同時也反映了我們明白自己對自己知之甚少，對他人苦痛又虧欠甚多。

最重要的，如果我們心有美善，讓我們常保謙遜，因為無人能比良心暉映的人更清楚自己的缺點，也因為他更能對惡人心懷慈悲，即便因此受苦也不改初衷。

•

「如此一來，那些生活中必要的獨特性怎麼辦？」有人可能會這樣問。「你這麼強調簡化，難道不怕破壞了那些維繫社會存在、人與人之間的差異？」

我無意壓抑人的獨特性與差異性。但真正能讓一個人鶴立雞群的不會是他的社會階級、職業、衣著或財富，而是他的內在。這個時代更甚以往的是，我們已戳破了外在偉大假象的虛榮泡沫。在現代，想當個顯赫的人物，穿上帝王錦袍或戴上王冠已然不夠；靠著金色臂章或絲帶揮舞弄權，更有何榮譽可言？這不是說雙眼可見的象徵物都該被藐視，那些事物自有其意義與用途，但在特定情況下，它們無疑會遮掩事實。一旦這些象徵物不再能代表事實，就會變得虛無而危險。個人真正的獨特性在於崇高的自我價值。如果你擁有受人景仰的社會地位，要讓自己不愧其位，否則你也會助長仇恨與輕賤孳生。然而，人與人之間的相互尊重正日漸消亡，這肯定不是因為想受尊重的人忘了畫下人際的界線。位高權重者認為自己憑藉地位就能免於日常義務，這樣的想法正是邪惡的根源。人在地位攀升之際，常認為自己可以不受法律束縛，也忘記服從與謙卑的精神應隨財富與權力的成長一同增進才對。結果呢，那些渴望受人尊重的人為自己希望得到的敬重所付出的努力，反而是最不足的。

這也是為何尊重正日漸消亡的原因。

生命裡唯一不可或缺的獨特性，就是變得更好的心願。一個努力想讓自己變得更好的人一定會更謙卑、更平易近人，甚至對不忠於他的人更友善。就算他越來越為人所熟知，他也能依然保有獨特性。當他播下的傲慢越少，日後收割的尊重也就越多。

XIII

簡單的教育之道

L’éducation pour la simplicité

既然「簡單」歸根究柢是「思考」的產物，那教育與它自然關聯密切。

基本上，教養可分兩種：一種是為求達成父母的目的，另一種則是達成孩子的目的。第一種情況下的孩子會被視為是父母的延續和資產。有時，這孩子在家中地位最高，特別是當父母看重家庭情感時。但若生在以物質利益為上的家庭，他則會退居第二、第三、甚至最末位。換句話說，他什麼也不是。孩子年幼時會繞著父母打轉，不只是出於服從，也因為他的存在感與獨特性等仍在次要地位。但隨著他成長，這種上對下的隸屬關係卻更嚴苛地控制著一切，甚至延伸到孩子的想法和情感等領域。這樣的孩子會變得弱勢、缺乏自信。一般人在成年後會逐漸走向獨立，他卻陷入奴役。只有在被獲准，或在父母的信仰、政治意見、美學品味需要他配合時，他才能做點什麼。他的思考、言行、感情，都要聽從於父母專制的意見與限制。內在缺乏品格力量的人往往多出身自這種獨裁的家庭。這樣的父母深信唯有把孩子當成自己的財產，才有良好的秩序可言。由於缺乏智慧，這樣的父母會採各種手段綁住孩子——嘆息、懇求，或物質誘惑。如果束縛不了，他們便會用計桎梏他的行動。他們唯一容許的就是孩子不離他們生活，而且靠他們而活、為他們而活。

這樣的教育無疑反映了更大範疇的社會養成。它的主要目的是抓牢新成員，而且為了讓他融入，還要以最強硬的手段硬把他填入既有形式中。這是個人在社會體中的衰滅、粉碎、同化，發揮的是神權統治、共產精神，和官僚習氣。乍看之下，那像是一套符合簡單精神的教育系統，但那其實已過分簡化；假如人不過是某物種的樣品，那麼這會是完美的培育方法。就好比所有同屬同種的飛禽走獸、蟲虫蠅蚋都有相同的特徵，因此我們也該是一個模子刻出來，有一致的品味、語言、信仰、意向。但人不是物種標本，因此這種教育法絕對無法得到單純的結果。正因為人與人之間如此大不同，所以社會、組織、宗教團體才會出現各種用來壓抑、麻醉、撲滅個人思想的手段。每一刻，總有些許裂縫、些許蠢蠢欲動的內部勢力正蠻橫地往光明逼近，製造出各種劇變和動盪。儘管外在表象文風不動，邪惡卻仍在暗中蟄伏；明眼可見的秩序下藏匿著沉默的反叛，以及因冷漠、死亡等醞釀而生的風暴。

從這種邪惡滋生的苦果便是如此；無論表面看似多麼單純，實際上卻拉拔出了複雜的併發症。

•

相對的另一套教育系統，則是以達成孩子目的為主的教養法。所有角色在此全顛倒了；父母是為了孩子而存在，孩子一出生就成了世界運轉的中心。白髮斑斑的老祖父與健壯的父親都會為這髫髮嬰孩鞠躬盡瘁。孩子口齒不清的話是他們的天條，所做所為都是為了滿足他。倘若他在夜裡啼哭，父母的疲勞已不重要，全家都會跟著醒來。不必多久，這新報到的小傢伙就會發現自己無所不能，在會走路前便已懂得對人予取予求。他越長大，情況越嚴重。父母、祖父母、僕人、教師，所有人都要聽他號令。他不知好歹地接受各種無謂的讚美；無論是誰，若是擋住他的路都會被他視為大不敬。他自認獨一無二、完美無缺、絕對正確，眼中只有自己。等到大家最後發現這些年下來竟然養出這麼一個暴君時就太遲了。而這暴君對他人的犧牲毫不掛心，缺乏尊重甚或憐憫。對那些賜給他這一切的人他完全不在乎，處世不循法律，亦無自制力。

這樣的教育也反映出對應的社會環境。這樣的情形在那些不重歷史、只著眼當下，缺乏傳統、紀律與尊重的社會裡特別蓬勃，也會出現在見識淺薄卻最愛大放厥詞的人身上。這種教育讓一時的激情能支配事物，卑劣的欲望得以獲勝。比較一下這兩種教育方法：一種強調以大局為重，另一種則注重個人出頭；一種是傳統上的專制，另一種則是新式的暴政——我們最後會發現，這兩者同樣遺禍萬千，而最糟糕的無非是這兩者的結合，培養出半自主、半獨裁的人，永遠在反叛及統治精神間搖擺不定。

教養既不該只為滿足孩子的目的、也不該只求達成父母的期望。因為人的誕生並非為了成為名流或標本。教養應當是為了讓孩子活出自己的人生，幫助他們成為人類世界裡積極的成員、友愛的生力軍、公民社會中對自由的侍僕。聽從有別於此道理的信條來教養，無疑是播下紊亂的種籽，日後將讓生活複雜、扭曲。

若要以一句話定義孩子的人生，我們總會說出「未來」二字。孩子是未來，這似乎道盡了一切，涵蓋了過去的折磨、今日的壓力與明日的希望。然而一個人生才剛起步的孩子，往往無法理解什麼是未來，因為他的視野正被現下把持。誰該給他一點啟示，領他走向該走的路？是父母、是教師。然而在缺乏省思下，少有父母和教師能意識到教養不只攸關自己與孩子的福祉，也象徵、並影響了超越個人的整體福祉。教養者若懷有這種管教思維，自然會考慮到兩件相輔相成的事——孩子心中正在萌芽的個體精神，以及它所導向的社會功用。

無論把孩子帶往哪個方向，父母都不該忘記，這個小生命必須成為「他自己」，也成為「他的同胞手足」。這兩種身分不僅不互斥，甚至可說是親近共存。一個人唯有成為自己的主人，才能懂得博愛、關懷和奉獻；同樣地，也唯有能從自身肉體存有出發，體會生命泉源的奧妙，並感受到自己與他人實為一體，彼此擁有密切的連結之後，人才能全然成為自己，理解生命的獨特性。

要幫助孩子既成為「自己」、亦成為「他人」，必須先保護他不受混亂世界中的暴力及破壞干擾。這些紊亂的力量內外皆有。外在威脅可能來自濫用權力的教育者。權勢往往能在手段極端的教育中發揮作用。但若要教育他人，必得先放棄這份權勢，也就是教育者要放下自視甚高、自以為是的偏狹觀點，因為那會讓人相互輕視，即便對象是自己的孩子亦然。個體生命初始時，對自我的認知是如此活潑、不受侷限，因此教育者若想建立平衡，必須先順服於平和、高尚的旨意所蘊含的溫和權勢。教育者的職責，是持之以恆地盡可能以客觀無私的方式，向孩子闡述這份旨意。於是，教育者代表的是世上所有應受重視的一切。他們把高於孩子原先認知、或者能跳脫、能囊括該認知的新觀點傳授給孩子，但不該是強迫壓制；相反地，教育者的努力與傳遞的所有想法，都會變成滋養孩子原有純樸活力的元素。這樣的教育能培育出卓然有成的服從精神，從中也會孕育出自由的靈魂。觀察、引導，這些都是教育者的職責。在孩子眼中，教育者不該是道障礙，因為若有必要，孩子只要跳過這個障礙便能逃脫管束；教育者該如同一面透明的牆，這座牆所捍衛的事實、律法、真理等都不會因為任何挑戰而受撼動。如此，尊重便會應運而生。尊重能讓人謙遜，進而使人自由。這就是簡單教育的原則。想當個自由、而且懂得尊重的人，就必須「成為自己」，也「成為他人」。

•

我們若因為孩子表現不敬，就認為他們天生便不懂尊重，那我們就錯了。對孩子而言，尊敬是一種基礎需求，他的道德依其而生。孩子本來就會糊塗地狂熱喜歡或崇拜某些事物，這股熱切要是未能得到引導，便容易腐敗或迷失。成人若言行不一，缺乏敬重，那麼成人的教養主張看在孩子眼裡無疑是和值得尊敬的事互相矛盾。

這條式微的真理在當今的服務關係裡作用最是明顯，但這是父母自己造成的。我們的偏見、輕視、缺乏簡樸與仁慈之心等現象，如今常出現在孩子身上。有些父母確實不懂不應讓孩子輕視僕役、侍者等職業身分。你雖大可堅稱這社會應當嚴格分際，在社會階級界線上清楚劃定各自的身分，讓尊卑有別；不過，可別忘了，服務你我的工作者與我們一樣也都是「人」。你是否會教導孩子與服務者互動時不忘禮儀，以顯示你期待得到他人重視的同時，你也對等地尊重對方的為人尊嚴？家庭就是驗證互敬之道的最好場所，而相互尊重的心態正是社會能否健全的關鍵。或許我們並非缺乏尊重之心，只是未能確實表現，於是最常見的結果便是我們言行不一，顯得偽善；如此衍生出意料之外的問題，就是孩子也會日益驕縱跋扈。當你的言行導致孩子也開始缺乏對他人的尊重，你便注定蒙受傷害。

•

如果簡單的心靈是尊重的基本條件，那麼簡單的生活就是培育它的好學校。無論你的經濟狀況如何，務必避免做出會讓孩子自認為高人一等的行徑。儘管你有財力能將孩子打扮得一副富貴模樣，也要記得，此舉可能會犯下誘發孩子虛榮之心的過錯。日常衣著簡單樸實即可，莫讓孩子誤信只要穿著豪奢就有權鄙視他人，更重要的是勿讓孩子因為生活優渥而拉遠了與其他孩子的距離。如果你得東撙西節，才能讓孩子衣著光鮮，恐怕你應把心力轉到其他更值得的事務上才是。讓兒女養成不論你或他都能力未及的生活方式多危險啊！這樣的家庭內會滋生出輕蔑的心性。如果父母把孩子打扮得像個小國王，讓孩子自認為比你更偉大，地位更高，甚至開始藐視你，最後你又怎能覺得意外？這是你在自己家中養成的失格結果，不僅代價高昂，而且缺乏格調。任何教養方法最後的效果若只是造成孩子鄙視父母和傳統，那無疑等同於災難。

自然從不以越界、跳耀的方式進展，而是緩慢、篤定地演進著。協助孩子為生涯準備時，且讓我們效仿自然的智慧。我們勿將跳躍的驟變誤認為是進步，教出會嫌惡父母的職業、理想，以及簡樸精神的孩子。如果農夫的兒子憎惡田地，水手的兒子厭惡大海，工人的女兒幻想繼承大筆財產，寧願獨行街頭也不願站在平凡的父母身邊，那麼這樣的社會可說是病入膏肓。當社會中各個成員都願意投身與父母所做相近的行業，甚至表現更出色，而且在期待未來發展前能履行自己的本分，那麼社會便能健全。

•

教育應該讓人獨立自主。如果希望培養孩子的自主性，便以簡單之道教養他們，毋須擔憂此舉會阻礙他們的人生。飲食、衣著、娛樂等事物，應盡可能自然、質樸。有些父母求好心切，想讓孩子生活舒適，使得孩子習慣了精緻的飲食與慵懶的生活，沉溺在與其年齡不符的感官享樂。這就可惜了這些好意！饞食奢華的他會有厭倦的一天，當他不再因享受而快樂的那一刻起，他會立刻變得困頓悲慘。更糟的是，若人生突然遭逢變故，使得生活無以為繼，那麼你和他都將得面臨對個人尊嚴的嚴酷挑戰。

以簡單之道教養孩子，讓他鍛鍊體能，甚至願意吃苦以增進耐力。讓他們成為刻苦耐勞的人，過度奢華的桌椅床榻絕非生活必需品，我們要教孩子有氣概、獨立、堅強，讓人信賴，成為有能力快樂的人。

人的精神和心智容易因為太過安逸的生活而耗損，變得無動於衷、理想消逝，與現實脫節，彷彿老態龍鍾。有多少年輕人正處於這種狀態啊！他們從成人身上感染到的衰朽、懷疑、缺陷以及壞習慣就如同黴菌般寄生在身上。這些對生命提不起勁的年輕人迫使我們要自我反省！他們心事重重的表情就是最好的證明。這些陰影告訴我們，相較之下，幸福仰賴的是真實、積極、自動自發的生活，不受激情煽動、物質束縛，或不良刺激的誘惑。保持體魄健全，享受燦亮的白天與新鮮空氣；心中也要保持因愛而雀躍的能力，珍惜所有慷慨、美好的簡樸事物。

•

虛假的生活助長了膚淺的思考和本質空洞的言語。常態的習慣、深刻的觀念，以及看清現實的能力則會帶來誠實的精神。虛假是懦弱與愚鈍的庇護所。自由而堅強的人不會言詞閃爍。我們應鼓勵孩子勇敢直言。但我們自己平日是怎麼做的？總是壓抑每個人天生的氣質，把各種互異的氣質個性齊頭劃平，以求一致；因為對一般大眾來說，一致就等於優良；而以自己的心智思考，用自己的心靈感受，表達自己的個性——這多麼違背傳統，多麼粗野無禮啊！然而，教育的殘暴之處，就在於它有時會壓制唯一讓我們有理由活著的事！有多少教育者犯了扼殺靈魂的罪！有些獨特的靈魂因此被恫嚇擊倒，有些則遭慢慢悶窒而死！有多少教育手段聯手壓抑了人格的獨立性。教育當中的陳腔濫調和枯燥乏味已成為這個時代的特徵，但真理能幫助我們擺脫這種束縛。讓我們教導孩子實現自我，言談話語應當鏗鏘清澈，既不自誇亦不沉默。讓他們明白誠實的重要；倘若遭遇重大的失敗，只要他們勇於承認，就是值得讚賞的成就，因為他們並未粉飾自己的錯誤。

除了直言不諱，教育者也請重視純真。這童年的盟友雖顯稍未開化，卻也親切友善！純真一旦逸失，就再也難尋回！純真不只是真理的手足、每個人自我特質的守護者，亦具有強大的鼓舞與教育力量。我看到有太多自稱務實的人，手持驚人的放大鏡與大剪刀，四處蒐獵天真無邪的事物，好剪去它們的羽翼。他們把純真從生命、思想和教育中連根拔起，追獵的腳步甚至踏進了夢想的領域。他們自認這麼做能讓孩子成熟，結果根本沒讓孩子在茁壯之前能先當個孩子。這就如同農人在果實尚未長成前便急著摘除花朵，此舉不僅未能結果，也一併扼殺了所有香氣、鳥兒啾鳴和所有美好的春日時光。

寬容對待所有純真、簡樸的事物，這不只是為了能讓純真的奇想繼續在孩子的想像中逗留，也是為了讓所有傳說、民謠、世上的寓言與神祕故事能繼續流傳。孩子心中驚奇的感受便是造物主最初的化身；少了這個，人就像失去雙翼的鳥兒。守護孩子，但別斷絕他們心中與純真的連結，如此，他日後長大時才有能力繼續欣賞過往那些純粹、動人的象徵，那些枯燥的理性思考無法取代的表達形式。

「簡單」是個偉大的魔術師。它軟化了暴戾，彌補了裂隙，讓人們心手相連。簡單的精神在這世上會以無限多樣的形貌現身；當它跨越地位、利益、偏見的藩籬，克服了最嚴峻的挑戰，讓決裂的人能彼此理解、尊重、相愛時，正是它最教我們傾慕的時候。簡單是最真實的社會紐帶，讓人緊密相繫。

La Vie
Simple
簡單，也是一種哲學

作者	夏爾・瓦格納 Charles Wagner
譯者	謝孟璇
總編輯	富察
主編	林家任
企劃	蔡慧華、趙凰佑
排版	宸遠彩藝
設計	井十二設計研究室
社長	郭重興
發行人	曾大福
出版發行	八旗文化／遠足文化事業股份有限公司
地址	新北市新店區民權路 108-2 號 9 樓
電話	02.2218.1417
傳真	02.8667.1065
客服專線	0800.221.029
信箱	gusa0601@gmail.com
法律顧問	華洋法律事務所／蘇文生律師
印刷	通南彩色印刷股份有限公司
出版日期	2017 年 7 月（初版一刷）
定價	新台幣 240 元

簡單，也是一種哲學
夏爾・瓦格納（Charles Wagner）著；
謝孟璇譯
初版——新北市：八旗文化出版：遠足
文化發行，2017.07
208 面；13 × 21 公分
譯自：La vie simple

ISBN 978-986-94865-5-2（平裝）

1. 簡化生活　2. 人生哲學

192.5
106008025